Pourquoi vous contenter d'être « heureux » ?

Le 8e péché capital

ALAIN SAMSON

Pourquoi vous contenter d'être «heureux»?

Le 8e péché capital

BÉLIVEAU
éditeur

Conception et réalisation de la couverture : Christian Campana
Conception graphique : Sandra Laforest
Infographie : Claude Bergeron

Dépôt légal : 2e trimestre 2010
Bibliothèque et Archives nationales du Québec
Bibliothèque et Archives Canada

ISBN 978-2-89092-450-5

BÉLIVEAU éditeur
5090, rue de Bellechasse
Montréal (Québec) Canada H1T 2A2
514 253-0403 Télécopieur : 514 253-2714

www.beliveauediteur.com
admin@beliveauediteur.com

Gouvernement du Québec — Programme de crédit d'impôt pour l'édition de livres — Gestion SODEC — www.sodec.gouv.qc.ca.

Nous reconnaissons l'aide financière du gouvernement du Canada par l'entremise du Programme d'Aide au Développement de l'Industrie de l'Édition (PADIÉ) pour nos activités d'édition.

IMPRIMÉ AU CANADA

À Marthe
Muse de mes jours
Muse de mes nuits

Table des matières

Introduction

Apprendre à vivre ?

Vivre, vivre. Même bancal, même à moitié.
Vivre, vivre. C'est ma dernière volonté.
Alice Dona

J'étais au chevet d'une personne mourante quand cette chanson écrite par Alice Dona mais popularisée par Serge Reggiani m'est revenue en tête. Ce n'est pas que mon mourant tenait absolument à continuer à vivre. La maladie l'avait fatigué et il savait la fin proche. Elle s'avérerait libératrice. C'est juste qu'il réalisait qu'il n'avait pas vraiment vécu.

Ce sentiment est facile à reconnaître chez les gens. On pourrait même lui donner un nom : le syndrome du *Si j'avais*. Si j'avais mis un terme à cette union malheureuse au lieu de la supporter pendant vingt-cinq ans. Si j'avais dit oui à cette offre d'emploi. Si j'étais retourné aux études quand j'en ai eu envie. Si j'avais passé plus de temps avec mes enfants. Si j'avais. Si j'avais...

C'est souvent à la fin de sa vie qu'on réalise qu'on n'a pas vraiment vécu. Qu'on s'est contenté de laisser les choses arriver. Qu'on n'a pas bu toute la vie jusqu'à la lie. Qu'on s'est contenté d'exister en laissant son environnement déterminer où on allait.

Si, à ce moment, quelqu'un nous donnait l'opportunité de nous ramener en arrière, à 10, 20 ou 30 ans, nous dirions oui. Et je parie que nous profiterions alors de cette nouvelle chance au maximum.

C'est un phénomène qu'on rencontre souvent chez ceux qui ont échappé à la mort à la suite d'une rémission ou d'une simple chance. Ils deviennent alors avides de réellement vivre. Ils ont compris. Les défis ne les effraient pas. Les remises en question non plus. Ils ont pris conscience du fait que, comme l'a écrit Baudelaire, la clepsydre[1] se vide...

Mais pour une seule personne qui a constaté que le temps fuit, combien y en a-t-il qui gaspillent le temps qui leur reste dans une existence factice équivalente à celle du malade placé sous respirateur artificiel?

Comment expliquer cette propension à s'enfoncer dans une ornière et à s'y croire en sécurité? Je pourrais dire que c'est dans la nature humaine de choisir la loi du moindre effort. Mais je vous présente ici mon livre, selon ma propre théorie. Je vais donc vous offrir une introduction à la Dan Brown, l'auteur du volume *Code da Vinci*. Elle se passe à la fin des années 500. Elle est basée sur des faits historiques. Pouvez-vous les identifier?

1. La clepsydre est une horloge à eau. On peut mesurer le temps écoulé en mesurant l'eau qui s'en est écoulée. Métaphoriquement parlant, on pourrait également appeler «clepsydre» la partie supérieure d'un sablier. Dans *L'horloge*, le célèbre poème de Baudelaire, celui-ci nous avertit que notre clepsydre se vide et que le temps nous est compté.

Dans un monastère à la fin des années 500

L'atmosphère était lourde en cette journée historique, dans ce monastère réquisitionné par le pape Grégoire le Grand pour un lac-à-l'épaule, où il recevrait enfin le rapport du groupe de spécialistes mandaté pour réformer la liste des péchés capitaux.

À ce moment, la liste comptait huit péchés capitaux (quand vous lisez les mots « péchés capitaux », pensez au mot « vice » : la gourmandise, la fornication, l'avarice, la tristesse, la colère, l'acédie, la vaine gloire et l'orgueil. Mais la doctrine ne pognait pas. Ça ne faisait pas trop marketing.

Le spécialiste était un vieux moine expert dans une sphère de la philosophie qui serait un jour appelé *économie*. Il se leva et débuta sur un ton solennel : « Il y a plusieurs choses qui clochent dans cette liste. La première, c'est le nombre de péchés. L'Église n'a jamais connu grand succès avec le chiffre huit. Pourquoi ne pas réduire ce nombre à un chiffre qui s'imprime plus facilement dans l'esprit des fidèles ? À un chiffre auquel ils sont habitués ?

— Je ne veux rien savoir d'une simple liste de trois péchés capitaux, clama Grégoire. Je sais que nous avons eu du succès avec la Sainte Trinité mais trois péchés, ce n'est pas suffisant pour conserver ce beau sentiment de culpabilité qui unit nos fidèles à l'Église. Ils doivent vivre dans la crainte et avoir recours à la confession le plus souvent possible.

— Je pensais plus au chiffre 7, répondit le moine-consultant.

— Sept ? Pourquoi ?

— Parce que c'est vendeur. Pensez au symbolisme de cette marque. Il présente un *branding* auquel nos fidèles sont déjà vendus. Le 7 a toujours marché dans notre organisation. Demandez à n'importe quel fidèle en combien de jours Dieu a créé l'Univers. Il répondra 7. Demandez-lui combien de paires d'animaux Noé a fait embarquer sur l'arche. 7 toujours. Pendant combien de jours sera immonde celui qui touche un cadavre humain? 7 encore. Je vous le dis, avec une liste de 7, nous sommes gagnants[2].

— Oui, mais nous en avons 8. Si on en enlève un, ceux qui se sont maintes fois repentis parce qu'ils étaient coupables du péché retiré risquent de nous en vouloir. Nous ne voulons pas créer de désaffection.

— C'est pourquoi je propose de changer plusieurs des noms des péchés retenus. Par exemple, nous avons fait quelques *focus group* et les fidèles ont de la difficulté avec le péché de la fornication.

— Ah oui, pourquoi?

— Parce qu'ils aiment faire l'amour et ils ne comprennent pas que ce soit si grave de s'adonner à cette activité. Pourquoi ne pas plutôt rendre péché un penchant immodéré pour les pratiques sexuelles. Les sondages le disent: la répression contre les excès, notre clientèle apprécie ça. Et les gens nous aimeront davantage parce qu'ils ne se sentiront plus coupables de copuler de temps à autre. Ils vont adorer notre réforme!

— Mais quel péché retire-t-on de la liste?

---

2. Il n'y a pas que dans la chrétienté que le chiffre 7 a la cote. Il y aurait 7 cieux dans la tradition islamique et, dans nombre de cultures, le chiffre 7 est considéré comme chanceux. C'est la raison pour laquelle tant de loteries dans le monde s'appellent *Lucky Seven*. Le moine-consultant avait une bonne idée. Le chiffre 7 vend. Blanche-Neige avait 7 nains et les vieux marins ont bourlingué sur les 7 mers.

— Je suggère l'acédie, c'est-à-dire cette torpeur spirituelle qui fait qu'on ne profite pas de la vie, qu'on s'enfonce dans la routine et qu'on cesse d'être reconnaissant pour tout ce que Dieu nous offre.

— Je m'objecte, dit Grégoire. C'est un péché véritable de ne pas profiter de ce cadeau qu'est la vie.

— Je sais, mais pensez aux avantages. S'ils s'enfoncent dans l'apathie, les fidèles ne remettront plus nos dogmes en question. Nos partenaires politiques auront également plus de facilité à les contrôler.

— OK. À supposer que l'Église accepte de retirer l'acédie de la liste, quelle nouvelle liste proposez-vous ?

— Je vous propose, dans l'ordre, l'orgueil, l'avarice, la luxure, la colère, la gourmandise, l'envie et la paresse. De cette manière vous conservez un bon contrôle sur les fidèles, vous retirez certains irritants et vous avez un *branding* plus performant. Les **7 péchés capitaux**, c'est bien mieux. »

Les membres du comité échangèrent des regards en silence. Personne n'osait réellement donner son opinion. Puis Grégoire le Grand sourit. Ce nouveau slogan serait un succès.

Les faits historiques

Belle histoire, n'est-ce pas ? Tout à fait farfelue, pensez-vous peut-être. Il s'y trouve pourtant de nombreux faits historiques. Voyons de quoi il en retourne.

- Il y avait bel et bien 8 péchés capitaux au départ. La liste que je vous ai présentée a bel et bien été créée par Évagre le Pontique dans les années 300.

- Le pape Grégoire le Grand en a bien entrepris la réforme vers 590. Cette réforme a été plus tard complétée par Thomas d'Aquin.
- L'acédie a bel et bien été retirée de la liste. À l'époque, ce péché était associé au démon Belphégor, un démon qui se cache dans les égoûts et qui est prêt à tous les crimes.

Il existe donc bel et bien un huitième péché capital, un péché oublié. Il réfère à une torpeur, une paresse spirituelle. Il produit un état qui fait qu'on se contente d'exister au lieu de réellement vivre. Vous y succombez peut-être chaque jour.

C'est bien entendu que, depuis l'an 590, la religion catholique a considérablement régressé et que l'idée d'être dans le péché ne nous fait plus craindre l'enfer, mais une réalité reste: si nous oublions le mot «péché», n'est-ce pas tout de même une tragédie de traverser sa vie sans en profiter réellement?

En passant, il y a toujours eu des gens influents dans l'histoire. Ceux qui ont influencé Grégoire le Grand ne se présentaient sûrement pas comme des experts en marketing, mais ils faisaient le même travail. Somme toute, ce texte était mieux fondé qu'il ne le semblait.

Le but de ce livre

Je vous avertis d'entrée de jeu: ce livre est dangereux. Il pourrait vous amener à changer d'emploi ou à saborder votre couple actuel. Tout comme il pourrait vous amener à améliorer le plaisir que vous tirez de votre emploi actuel ou le plaisir que vous vivez chaque jour en couple. Ou, si vous n'êtes pas prêt à vous initier à ce qu'il vous présente, il pourrait constituer un prélude à une merveilleuse nuit de sommeil.

Depuis des années j'écris des livres sur le bonheur. Je pensais en avoir fait le tour mais, alors que je me pensais heureux, je sais aujourd'hui que je m'étais moi-même engourdi et que, même si ma carrière avançait à un bon rythme, je passais à côté d'une bonne partie de ce que la vie avait à m'offrir. Je l'avoue : j'ai aussi commis le péché de l'acédie.

Et en mars 2009, j'ai rencontré une femme merveilleuse qui m'a aidé à sortir de mes ornières (en même temps que je l'aidais à sortir des siennes). Je vous parlerai davantage d'elle dans les chapitres qui viennent. Il suffit de dire pour l'instant que je peux vous guider hors des sombres territoires de l'acédie. J'ai visité l'acédie et j'en suis sorti. Ne vous contentez pas d'être officiellement heureux alors que vous pourriez vivre davantage chaque jour.

Comment procéderons-nous ? En deux temps. Dans le chapitre 1, nous tenterons de découvrir si votre vie actuelle vaut la peine d'être vécue. Dans l'affirmative, vous pourrez reposer ce livre ou le continuer afin de découvrir des moyens de vivre encore plus.

Ensuite, je vous apprendrai à vivre davantage. En vous remettant en question. En étant fou. En profitant de ce que vous avez déjà. En découvrant tout ce que la vie a à vous offrir. En retrouvant le goût du risque.

Si vous vous sentez comme un diapason enfermé dans son écrin, il est temps de faire votre *coming out* et de recommencer à vibrer. Vous êtes fait pour ça. Votre corps et votre esprit ne demandent pas mieux. Ils sont même pressés de vous voir vous lancer dans l'action parce qu'ils savent, peut-être plus que vous, que votre clepsydre se vide...

Chapitre 1

Les mirages du « bonheur »

Je m'appelle Lester Burnham. Ceci est mon quartier.
Ceci est ma rue. Ceci est ma vie.
J'ai 42 ans. Dans moins d'un an, je serai mort.
Naturellement, je ne le sais pas encore mais,
d'une certaine façon, je le suis déjà.

Lester Burnham, dans *Beauté Américaine*

Dans cette scène du film *Beauté Américaine*, nous faisons la rencontre de Lester Burnham, un homme qui a tout pour être heureux : grosse maison, voiture, emploi payant, *etc.* Et pourtant, sa vacuité existentielle est telle qu'il se déclare mort même si, aux yeux de tous, Lester se doit d'être heureux.

Combien d'entre nous jugent du bonheur des autres sur des facteurs externes? Et combien se déclarent heureux en raison de tels facteurs? Dans une scène particulièrement intéressante du même film, lors d'une altercation entre Carolyn, l'épouse de Lester, et leur fille, Carolyn chicane celle-ci en lui disant qu'elle devrait être heureuse : *Petite ingrate ! Regarde tout ce que tu as. Quand j'avais ton âge, nous... vivions dans un duplex ! Nous n'avions même pas notre propre maison !*

D'où peut bien nous venir cette propension à baser notre évaluation du bonheur sur des facteurs externes ? Je répondrai que c'est en grande partie dû à nos parents et aux médias, particulièrement à la publicité qui y est diffusée.

Les adultes auprès de qui nous grandissons ont un impact énorme. À un moment donné, ces figures d'autorité constituent notre seule base de référence et il devient tout à fait normal de considérer ce qu'ils disent comme étant la Vérité. Imaginez l'impact des énoncés suivants sur l'imaginaire d'un enfant pendant qu'il grandit :

- Il est chanceux ; il vient de prendre livraison de sa nouvelle voiture.

- Leur as-tu vu la maison? Il y a vraiment des gens à qui la vie sourit.
- Si je pouvais décrocher ma permanence, je serais enfin heureuse.
- Ça te prend un diplôme si tu veux être heureux dans la vie.

Cela, sans compter les comportements de parents qui se sentent obligés d'acheter un article à leurs enfants quand ceux-ci semblent aller moins bien. Le message implicite dans ce geste: *Sois heureux. Tu l'as eu, ton jeu vidéo.*

L'enfant doit créer du sens à partir de tout ce qu'il vit et tant qu'il ne s'est pas ouvert à la société et aux médias, c'est son unité familiale qui concourt à fixer ses attentes devant la vie. Arrive ensuite la *publicité*, laquelle permet de raffiner son idée de ce qui fait qu'on est heureux ou qu'on ne l'est pas. En entrant en contact avec le monde publicitaire, l'enfant réalise très rapidement que la personne qui possède telle ou telle chose semble bien plus heureuse que les autres. Partant de là, il est facile de deviner que celui qui n'a pas telle chose sera forcément malheureux.

Ça se continue bien plus tard

L'impact de la publicité se poursuit bien plus tard. Regardez par exemple ces publicités de Viagra. À regarder le visage de ces personnes, c'est quasiment triste de ne pas avoir de problème de dysfonction érectile...

Quel est l'impact de ce conditionnement? À la sortie de l'adolescence, chacun a son idée bien arrêtée de ce qu'est le bonheur. Pour certains, ce sera le bungalow et la sécurité d'emploi. Pour d'autres, une famille et un diplôme de telle ou telle université. Notre définition du bonheur a été empruntée aux gens qui peuplaient notre univers pendant que nous grandissions.

La quête s'ensuit. Ce jeune individu mettra les bouchées doubles pour atteindre son idéal, pour enfin être heureux. Il ne comptera pas les efforts. Si ça ne fonctionne pas du premier coup, il cherchera d'autres moyens de réaliser sa quête. Il obtiendra son diplôme puis la sécurité d'emploi. Il courtisera et se retrouvera en couple. Il fera en sorte de réaliser l'image qu'il se fait du bonheur.

Jusqu'à ce qu'un jour sa quête s'achève. Il aura réalisé son rêve. Officiellement, à ses yeux du moins, il sera enfin heureux. Pendant un certain temps, il profitera du plaisir d'avoir finalement atteint son but.

Puis la poussière retombera. Privé d'une destination, n'ayant plus de quête, il ne sentira même pas la torpeur s'installer. Son niveau d'énergie diminuera et l'acédie fera grandir en lui l'indifférence. À ce moment, il risque de vivre le phénomène du *Bof!*

- Il réalisera peut-être que la profession ou l'emploi dont il a tant rêvé n'étaient pas faits pour lui. Mais maintenant qu'il a la sécurité d'emploi, à quoi bon se remettre en question. *Bof!*
- Il réalisera peut-être que ce partenaire de vie qu'il a mis tant d'efforts à séduire ne lui convient finalement pas. Mais maintenant qu'on est ensemble, *Bof!* Ce n'est quand même pas si mal, la routine...
- Il réalisera que cette maison (même si la table de la cuisine arbore maintenant le tapis de table présenté l'an dernier dans *Décormag*) n'est qu'une maison, après tout et qu'elle l'attache à une région qui ne présente plus de défi pour lui. Mais *Bof!*

Certains ne passeront pas nécessairement au *Bof!* Au lieu de devenir indifférents, ils déprimeront. Ils se diront que ce n'est pas comme ça que ça devait se passer. Que ce moment de leur vie devait en constituer le paroxysme. Qu'il manque un ingrédient à la recette. Qu'il y a sûrement quelque chose qui n'est pas ajusté à leur situation. Ils se lanceront alors à fond de train dans la consommation, achetant tout ce qui leur tente en espérant que ça soit enfin l'article qui les satisfera. D'autres lanceront la serviette et préféreront s'engourdir encore davantage en se glissant dans la drogue ou l'alcool. Cela leur évitera de se poser la question qui les tarabuste tant: *si je suis heureux, comment se fait-il que je me sente aussi misérable? Je n'ai peut-être pas la bonne marque d'automobile...*[3]

Et pourtant, ils ont été heureux. Pendant qu'ils courtisaient. Pendant qu'ils étudiaient. Pendant qu'ils apprenaient les cordes de leur métier. Pendant qu'ils obtenaient la sécurité d'emploi. La journée où l'être qu'ils désiraient le plus au monde leur a dit oui. Chaque jour où ils avaient l'impression d'avancer vers la destination qu'ils associaient au mot *bonheur*.

Ces jours-là, ils se sentaient vivants. Ces jours-là, les défis ne leur faisaient pas peur. Ces jours-là, ils avaient l'impression que leur vie valait la peine d'être vécue. Ces jours-là, ils étaient réellement heureux. Non pas heureux dans le sens que leurs parents ou la publicité leur avaient inculqué. Heureux dans le sens philosophique du terme. Heureux dans le sens qui vous sera présenté d'ici la fin de ce livre.

L'acédie en amour

Succomber à l'acédie en amour, c'est supposer que, lorsque l'être désiré a été conquis, le travail est fait et qu'il ne reste plus qu'à profiter d'une vie confortable à deux. C'est troquer le bouquet de fleurs pour les pantoufles, la discussion romantique pour un film qu'on regardera en silence. C'est

3. En 2005, 7 500 000 ordonnances d'antidépresseurs ont été faites au Québec. Et pourtant, y a-t-il un moment dans l'histoire de notre peuple où nous avons été si bien en termes de confort et de protection?

faire fausse route. Comme aime le dire mon amoureuse : *le secret n'est pas de me conquérir mais bien de me garder.*

Si vous vous assoyez sur vos lauriers, vous vous privez de tout le plaisir ressenti pendant la conquête. Pour être source de plaisir, l'amour doit être une quête constante, pas une destination. Il en va de même en affaires, en carrière et dans la vie en général. Avez-vous soif de plaisir ? Prouvez-le et ne vous assoyez jamais !

Votre vie actuelle vaut-elle la peine d'être vécue ?

Vous ne serez donc pas surpris d'apprendre que nous ne parlerons pas de bonheur dans ce livre. Cette notion est trop souvent confondue avec une quête, une destination finale à atteindre tandis que c'est le périple qui produit le plaisir. Vous demander si vous êtes heureux, c'est comme demander à un médecin si vous avez la grippe A (H1N1). Il ne vous répondra pas spontanément oui ou non. Il commencera par faire la liste des symptômes qui vous accablent.

Ainsi, si vous avez de la fièvre, une toux, des maux de tête, un mal de gorge, des douleurs musculaires, de la fatigue, des frissons, et que votre nez est bloqué ou qu'il coule, le docteur vous dira que vous n'avez pas la H1N1 parce que ces symptômes correspondent à la grippe normale. Pour que votre médecin vous ait répondu oui, il aurait fallu que vous présentiez en plus une diarrhée et des vomissements. Ce sont les symptômes qui permettent de déterminer si vous avez ou n'avez pas telle maladie.

Eh bien, tout comme le médecin qui part en quête de symptômes pour déterminer quelle maladie affecte son patient, nous partirons, dans les pages qui suivent, en quête des symptômes qui caractérisent les personnes réellement heureuses.

Ces symptômes, ce sont les émotions positives qui nous accompagnent tant que nous ne sombrons pas dans l'acédie. (Ce n'est donc pas la maison ou la sécurité d'emploi. Il y a des gens qui vivent dans des châteaux et qui sont malheureux comme les pierres. D'autres qui vivent parfaitement heureux dans des taudis.) Ces émotions, vous les avez toutes vécues et vous les reconnaîtrez à mesure que je vous les présenterai. Il vous restera ensuite à déterminer si vous les vivez encore, chaque jour. Dans la négative, les prochains chapitres vous aideront à refaire connaissance avec elles et avec les impacts héliotropiques qui les accompagnent.

Des impacts héliotropiques?

L'héliotropisme, c'est ce mécanisme qui fait que certaines plantes vont tourner tout au long de la journée afin de toujours bien se présenter au soleil. Pourquoi font-elles ainsi? Tout simplement parce qu'elles en sortent fortement gagnantes.

La plante privée de soleil se referme afin de ne pas perdre les ressources qu'elle possède. Elle ne tente même plus de puiser dans le sol les nutriments nécessaires à sa survie. Elle est en fait fermée à son environnement. Elle renaîtra quand la lumière lui fournira l'énergie nécessaire à sa croissance. À ce moment, elle s'ouvre au maximum à son environnement, activant la photosynthèse qui lui permettra de transformer les nutriments présents dans le sol afin d'activer sa croissance et de permettre sa survie. En même temps, puisqu'elle est ouverte aux insectes pollinisateurs, elle multiplie ses chances de se faire une descendance.

Les plantes capables d'héliotropisme vont tourner toute la journée afin de maximiser le temps d'exposition au soleil. Elles tirent alors de leur environnement le maximum de ressources possibles.

Selon Barbara Fredrickson, de l'université de Pennsylvanie, les humains présentent le même phénomène à l'exception du fait que, pour eux, la lumière est remplacée par les émotions positives. Ainsi, si vous vivez surtout des émotions négatives, vous ferez comme la plante laissée dans le noir : vous vous refermerez sur vous-même, cessant de grandir, cessant de développer vos talents et plus désireux de conserver vos acquis que de vous lancer dans l'action, dans les projets. Dans une entreprise, par exemple, vous protégerez vos arrières en en faisant le minimum afin de ne pas commettre d'erreurs et de ne pas vous mettre en danger.

Si le soleil se pointe (que vous ressentez soudainement des émotions positives), vous vous ouvrirez à votre environnement. Vous serez disposé à vous lancer dans des projets, vous serez prêt à développer de nouveaux talents. Dans une entreprise, vous deviendrez fonctionnel du jour au lendemain. Au lieu de faire le minimum, vous vous découvrirez tout à coup un bon esprit d'initiative.

Il y a finalement des êtres humains qui, telles les plantes héliotropes, ne se contentent pas de profiter du soleil au moment où il passe. Ceux-là ont appris à capter dans leur environnement les événements susceptibles de faire naître en eux des émotions positives. Ils semblent disposer d'un niveau d'énergie au-dessus de la moyenne. Ils se lancent dans des projets, ne craignent pas le changement et deviennent même une source d'énergie pour ceux qui les entourent. Ils savent tirer le maximum de la vie, et la vie le leur rend bien.

Bref, ils vivent *au max*. C'est en être humain héliotrope que je souhaite vous transformer par le biais de ce livre.

La première émotion positive qui aura pour résultat que votre vie vaudra la peine d'être vécue, c'est la **joie**. La joie est un sentiment de plaisir, de bonheur intense, caractérisée par sa plénitude et sa durée limitée, et éprouvée par une personne dont une aspiration ou un désir est satisfait ou en voie de l'être.

- Pour des raisons professionnelles, Sylvie est en voyage d'affaires. Elle arrive fourbue à sa chambre d'hôtel. Pendant que sa main cherche à tâtons l'interrupteur sur le mur, elle sent une agréable odeur inattendue. Elle finit par trouver l'interrupteur et la lumière jaillit. Devant elle, sur la table, un immense bouquet de fleurs l'attend, et la carte qui l'accompagne lui apprend qu'il est envoyé de son amoureux. Le besoin d'être aimé de Sylvie vient d'être satisfait. Une onde de joie s'empare d'elle. La fatigue qu'elle ressentait avant de pousser la porte semble s'être envolée. Elle est bien[4].

- Il y a maintenant deux mois que Loïc a fait parvenir son manuscrit à un éditeur. Il a perdu espoir et, à vrai dire, il n'y pense presque plus. C'est donc avec une très grande surprise qu'il apprend, en répondant au téléphone, que son manuscrit a été retenu et que son livre paraîtra dans deux saisons. Loïc ne se contient plus de joie. Son besoin d'être publié sera réalisé !
- Depuis trois semaines, Jacinthe traîne une grippe. Sa patience est à bout. En ce beau matin de janvier, alors qu'il y a maintenant quarante-cinq minutes qu'elle est levée, elle se rend compte qu'elle n'a pas encore toussé une seule fois ! Réalisant que sa santé est de retour, elle ressent une grande joie. *N'est-ce pas fantastique d'être en santé,* se dit-elle.
- Marthe est exaspérée. Pour la troisième fois cette nuit, son enfant se réveille en pleurs. Elle se lève pour « encore » lui donner le sein, mais alors qu'elle approche l'enfant de son sein, il la regarde et, pour la première fois, lui dit « Maman ». Marthe est submergée de joie. Son enfant est un génie. L'insomnie ne lui pèse plus.

---

4. Remarquez que l'amoureux de Sylvie est également gagnant. Nous verrons au chapitre 3 qu'il l'est peut-être encore plus que Sylvie, parce qu'il a pu anticiper le plaisir que ressentirait sa bien-aimée. Imaginez un couple héliotrope qui ne laisserait pas la routine s'installer et qui s'assurerait chaque jour de faire naître des émotions positives chez l'autre. C'est ça, vivre.

L'émotion *joie* est très puissante. Elle transforme une journée grise en une journée éclatante et elle vous met des *springs* sous les pieds. Le plus intéressant, c'est que vous n'avez pas à vous fier sur le destin pour ressentir des moments de joie. En devenant héliotrope, vous pouvez les créer et les planifier au lieu de les attendre bêtement. Nous en traiterons au prochain chapitre.

Théoriquement, parce que l'être humain s'adapte à tout, l'impact de cette émotion a une durée limitée, mais nous verrons au chapitre 3 qu'il est possible, en développant la capacité de savourer, de revivre un événement créateur de joie en se le remémorant.

Finalement, remarquez que l'émotion *joie* est souvent accompagnée d'un effet de surprise. Si Sylvie s'était attendue à trouver un bouquet en arrivant à sa chambre d'hôtel, l'effet n'aurait pas été le même.

La deuxième émotion positive qui aura pour impact que votre vie vaille la peine d'être vécue, c'est la **gratitude**, c'est-à-dire un sentiment de reconnaissance devant ce que la vie vous offre. La vie, en effet, nous fait chaque jour de nombreux cadeaux (ne serait-ce que le fait de simplement se réveiller), mais combien de ces cadeaux tenons-nous pour acquis ?

Revenons à l'exemple de Jacinthe présenté un peu plus haut. Après trois semaines de grippe, elle s'est réveillée en pleine santé ce matin-là. Elle se sent joyeuse mais parions que, dans trois jours, elle sera encore en santé et qu'elle n'en sera plus consciente. Les êtres humains s'adaptent à tout. Imaginons maintenant que Jacinthe prenne l'habitude, en se réveillant chaque matin, de réaliser qu'elle est toujours en santé et de ressentir de la gratitude à ce propos. Chacune de ses journées débuteraient alors de belle façon. Cela n'est pas à négliger, parce que les études ont démontré que les personnes reconnaissantes sont habituellement plus optimistes. Elles se lancent donc plus facilement dans des projets parce qu'elles s'attendent à ce que ces projets soient couronnés de succès. Les personnes qui ne ressentent pas de gratitude dans une journée ont davantage tendance à envier les autres et à se comparer négativement à elles.

- Alain se réveille et constate que la femme de sa vie est collée contre lui. Immédiatement, il se déclare intérieurement chanceux d'être avec elle. Cette pensée le met immédiatement dans un état d'esprit qui améliorera sa performance pendant toute la journée[5].
- Alors qu'elle savait sa soumission trop élevée, Lily est surprise quand le client lui apprend qu'il va quand même opter pour sa proposition. «Vous avez toujours été à la hauteur de vos engagements. Je n'ai jamais regretté de vous avoir fait confiance. Vous avez le mandat», lui confirme-t-il. Lily se dit immédiatement qu'elle va mettre les bouchées doubles pour continuer à satisfaire ses clients. C'est trop bon.
- C'est la remise des diplômes et, juste avant d'être appelée, Noémie se remémore tous les professeurs qui l'ont soutenue et qui ont eu confiance en elle pendant ses études. Ils n'étaient pas obligés d'aller si loin, pense-t-elle. Une vague de gratitude s'empare d'elle.
- C'est aujourd'hui le tournoi de soccer de Nadia. Son père ouvre un œil et se rend compte qu'il fait un soleil superbe alors que la météo prévoyait des orages. Il se sent soudain reconnaissant: «Merci, Univers. Tu viens de combler ma journée.»

---

5. À l'inverse, imaginez tout ce que perdent les gens qui se réveillent chaque matin auprès de l'être aimé et qui n'en sont même plus reconnaissants. Quel gaspillage! D'autant plus que, comme nous le verrons dans le prochain chapitre, l'aptitude à la gratitude se développe facilement. C'est une question d'attitude et d'habitude.

Les études ont également démontré que les gens qui ressentent régulièrement de la gratitude sont plus en santé. Pourquoi? Simplement parce que, conscients de la valeur de ce cadeau qu'est la santé, ils font davantage attention à elle pour l'entretenir. Leur réseau social sera également plus riche parce qu'ils ont envie de redonner aux autres une partie de ce qui leur a été donné.

Alors que l'émotion *joie* s'étiole rapidement dans le temps, l'émotion *gratitude* est intemporelle. Vous pouvez en effet, en gérant bien votre mémoire, vous rappeler ces événements qui ont fait grandir votre reconnaissance bien après qu'ils sont arrivés. Les personnes héliotropes auront ainsi tendance, quand elles se penchent sur leur passé, à se remémorer les meilleurs souvenirs au lieu de ruminer et de se repasser les événements malheureux de leur existence.

Terminons en disant que la gratitude est une responsabilité personnelle qui dépend en grande partie de l'interprétation que vous faites des événements. Si vous croyez qu'on vous doit tout, vous la ressentirez rarement. Lily pourrait se dire que ce client est bien chanceux qu'elle s'occupe aussi bien de lui. Noémie aurait pu se dire que les profs sont payés pour enseigner et qu'elle ne leur doit rien. Le père de Nadia aurait pu se contenter de pester contre l'incompétence des météorologues.

Dans tous les cas, ces personnes auraient alors été perdantes. C'est fou ce que votre attitude face à la vie peut avoir comme impact.

La troisième émotion qui fait que votre vie vaut la peine d'être vécue, c'est l'**intérêt**. Cette émotion est attisée par un talent qui s'appelle la curiosité. Selon que vous ressentiez ou non cette émotion chaque jour, vous serez un zombie, un être humain qui vit de temps à autre, ou un héliotrope qui grandit continuellement.

Êtes-vous, oui ou non, intéressé par ce qui se passe autour de vous?

Il y a des gens qui ne voient rien de ce qui les entoure. Ils traversent la vie comme des mort-vivants, des zombies. Ils sortent de table après avoir mangé un repas succulent et n'ont aucun souvenir de ce que goûtait leur nourriture. Pourquoi? Physiquement, ils étaient présents lors du repas, mais psychologiquement et spirituellement ils n'étaient pas là.

De la même manière, êtes-vous tout aussi absent dans votre vie? Avouez que ce serait pathétique de terminer votre vie et de réaliser que vous n'y étiez que figurant, que vous n'y avez pas pris votre place. Voici quelques personnes qui vivent de l'intérêt chaque jour:

- C'est la troisième fois ce soir que Mélanie rencontre Alex. Comme lors des deux rencontres précédentes, elle est fascinée par tout ce qu'elle découvre alors qu'elle lui pose des questions et qu'elle apprend à mieux le connaître. Le plus beau, c'est qu'il semble tout aussi désireux de savoir qui elle est. Se pourrait-il qu'elle ait enfin découvert le bon partenaire[6]?
- Alors qu'il pensait s'ennuyer, ce cocktail s'avère fascinant pour Mathieu. Il vient en effet de rencontrer quelqu'un qui en connaît beaucoup au sujet de ses patrons et qui lui parle d'événements passés les concernant. Mathieu est sous le charme.
- Lydia est programmeuse informatique pour son entreprise. À 16 h, elle a découvert un bogue qui empêchait le programme

6. L'intérêt, lorsqu'il est mutuel, peut effectivement mener à un engagement affectif partagé. Retenez ce conseil lors de votre prochain rendez-vous amoureux: au lieu de prouver qui vous êtes et de ne penser qu'à vous mettre en valeur, intéressez-vous à l'autre et découvrez pourquoi ce partenaire éventuel pourrait changer votre vie.

d'opérer de manière optimale. Elle a ouvert sa fenêtre de programmation en se disant qu'elle trouverait rapidement le problème. Elle vient de résoudre tout ça et elle est surprise de constater qu'il est 23 h. Comme le temps passe vite quand on est concentré !

- Claudia est fascinée par les gens. Il y a maintenant quatre mois qu'elle travaille dans ce dépanneur et, déjà, elle connaît la majorité des clients par leur nom. Mais plus encore, elle connaît leurs intérêts et leurs préoccupations. Le simple fait d'avoir à se rendre à son travail la remplit d'énergie !
- Depuis qu'il a découvert le champ de la psychologie positive, ce conférencier se paie livre sur livre et entreprend conférence sur conférence. Quand il lit sur ce sujet, il oublie le monde qui l'entoure. Il s'investit véritablement dans la découverte d'un savoir qui le passionne.

L'intérêt vous rend l'univers visible. Au lieu de jouer les fantômes qui traversent la vie sans savoir qu'ils sont présents, l'intérêt vous connecte à votre univers, vous fait réaliser que celui-ci présente des myriades de possibilités et qu'il vous rend plus vivant.

Comment? Sans cette émotion, une vie ennuyeuse reste une vie ennuyeuse parce qu'on ne découvre pas ce qu'on pourrait faire d'autre. On n'est pas à l'affût. On traverse les journées sans vision périphérique. L'intérêt vous ouvre à votre environnement. Vous découvrez les autres. Vous captez l'information qui pourrait vous aider à faire avancer un projet. Vous améliorez votre estime personnelle parce que vous avez le sentiment de devenir meilleur et de grandir chaque jour[7].

---

7. Souhaitez-vous vous initier à la vie sans vie? Lisez *L'étranger* d'Albert Camus, ou voyez le film *L'homme qui n'était pas là* des frères Coen.

Lorsque vous étiez tout petit, votre intérêt était constant. Vous tentiez de trouver des formes dans les nuages. Vous posiez des questions à en exaspérer ceux qui vous entouraient. Vous aviez soif de savoir, de connaître et de découvrir. Mais en grandissant, l'acédie s'empare de chacun. On tombe dans l'ornière de la routine et, justement parce que routine ne rime pas avec nouveauté, on cesse de regarder autour de soi. À quoi bon regarder ce qui semble identique d'une journée à une autre? On a déjà tout vu ça. *Bof!*

Êtes-vous ouvert à votre expérience quotidienne? En vous rendant au travail, êtes-vous dans une bulle déconnectée de l'univers ou avez-vous l'impression d'en faire partie? Voyez-vous ce qui se passe autour de vous? Cette buse qui dévore un pigeon. Cet écureuil qui fait ses provisions. Ce joggeur qui vous sourit amicalement.

Quel roman lisait cette dame assise devant vous dans le métro ce matin? Avez-vous au moins vu qu'elle lisait? Avez-vous au moins vu qu'elle était là? Ou avez-vous déambulé dans les corridors sans rien remarquer?

En ressentant de l'intérêt chaque jour, vous allez tôt ou tard croiser quelqu'un ou quelque chose qui aura un impact énorme sur votre existence. Vous vous serez découvert une passion. À ce moment, votre vie routinière prendra un autre sens et elle ne sera plus jamais routinière par la suite.

La quatrième émotion qui fait que votre vie vaut la peine d'être vécue, c'est le **ravissement**. Reposant sur un talent qui s'appelle l'*appréciation du beau*, cette émotion vous élève à une autre dimension quand votre intérêt se porte sur quelque chose qui s'empare de vous, qui vous transporte et vous envoûte.

- Sophie est en vacances. De son balcon, elle peut voir la mer. En sortant prendre l'air ce matin, elle a vu un groupe de pélicans plonger dans l'eau pour en ressortir avec des proies en bec. Tordant ensuite le cou, ces oiseaux ont avalé les poissons dans un ballet synchronisé qui a ému Sophie. À ce moment, elle s'est dit que la nature était vraiment parfaite.

- Depuis deux heures, Sylvain cherche le condo que lui et son amoureuse ont loué pour la semaine. Son amoureuse, justement, lui donne les indications. À un moment donné, elle y va d'un « à la prochaine, tourne à gauche. Nous y sommes. » Sylvain tourne et se retrouve face à l'océan Atlantique. Immédiatement, il oublie le stress de la route. La scène est merveilleuse. Il ne pensait pas que le condo serait si près de la mer. Ses yeux s'écarquillent. Il est bien.
- Depuis maintenant trois heures, Lucie visite le Louvre. Elle n'a pratiquement pas avancé tellement chaque œuvre la transporte. C'est à se demander si ses deux semaines de vacances ne se passeront pas dans ce musée. Tout est tellement beau !
- Alain a un rendez-vous avec celle qui deviendra son amoureuse. Il l'attend, stationné près de chez elle. Quand elle sort finalement, il est tellement émerveillé qu'il hésite à aller à sa rencontre. Une telle femme, se dit-il, est hors d'atteinte. Elle est vraiment trop bien pour lui.

Vous arrive-t-il d'être ébloui par la beauté que vous constatez autour de vous chaque jour ? Arrivez-vous au moins à constater la beauté qui vous entoure ? Cette émotion active votre reconnaissance et vous permet de vous sentir partie prenante de l'Univers.

Sans le ravissement, c'est *business as usual*. Vous traversez vos journées sans vous émerveiller et vous n'êtes qu'un pantin qui poursuit machinalement les tâches qu'on attend de lui. Il est tellement facile d'intellectualiser tout ce qui nous arrive et de cesser d'être ému par la beauté et la magie de tout ce qui nous entoure.

Un mode de protection?

Il peut être tentant, à mesure qu'on vieillit, de se distancer de ses expériences immédiates pour ne pas avoir mal si quelqu'un nous trahit. On se forge une carapace. On devient invincible mais, ce faisant, on se ferme à l'expérience immédiate et on cesse d'être en contact avec tout ce qui nous entoure.

Croyez-moi: quitte à être blessé de temps à autre, il vaut mieux se rendre vulnérable et ressentir de l'émerveillement devant ce que la vie a à nous offrir. C'est un sacrilège de se priver de vivre pour ne pas avoir mal. Comme nous le verrons au chapitre 5, les coups durs font partie de l'existence et ils sont souvent une bénédiction.

La cinquième émotion qui fait que votre vie vaut la peine d'être vécue, c'est la **sérénité**, un état de calme, de tranquillité, de confiance sur le plan moral. C'est un état qui vous donne envie de vous délecter du moment, ou de vous prélasser, tel un chat étendu qui apprécie un rayon de lumière et le suit à mesure que le soleil poursuit sa course.

- C'est l'été. Alex et Mélanie viennent de prendre possession de leur maison. En ce début de matinée, ils déjeunent à l'arrière, sans bruit, flairant les odeurs de la nature et se ravissant au moment où un chevreuil passe à l'orée de la forêt. Ils se regardent en se souriant. Ils sont bien.
- Didier est en vacances dans le Sud. Ce matin, il marche le long de la plage. Ses oreilles sont pleines des bruits de la mer. Il sent le vent pousser l'air salin dans son visage et les vagues, selon leur ampleur, venir mouiller ses pieds, ses mollets ou même ses genoux. Il se sent dans un monde à part. Il est bien.
- Ce chef d'entreprise n'a pas trouvé agréable de licencier cette employée, mais elle nuisait tellement au moral de l'équipe qu'il

est en paix avec sa décision. D'autant que, depuis une semaine, l'ambiance générale s'est considérablement améliorée dans le bureau.

- Cette tempête hivernale bat son plein dehors. Le vent s'est mis de la partie et il est certain que la visibilité est presque nulle sur les routes. Emmitouflée dans sa « doudou », Paule est quant à elle près du feu, lisant un livre et buvant un verre de rouge. Ça a beau être l'enfer dehors, elle se sent au paradis.

La sérénité présente deux dimensions : une dimension interne et une dimension externe. On vit la dimension externe quand on est en phase avec ce qui se passe autour de nous. C'est ce que vivent Paule, Didier, Alex et Mélanie. Ceux-ci se sentent carrément bien.

Remarquez que ce ne sont pas les mêmes environnements qui produiront cet effet chez les gens. Certains n'ont aucune envie de se retrouver à la place de Paule. D'autres seront heureux dans une usine où la production va bon train. Il n'existe donc pas une prescription unique pour vivre la sérénité. Chacun doit trouver ce qui fait naître cette émotion en lui.

Au niveau interne, on atteint la sérénité quand on agit en accord avec ses valeurs, quand on peut se dire qu'on a fait la bonne chose. C'est ce que vit le chef d'entreprise dans l'exemple mentionné plus haut. Il n'a pas apprécié mettre à pied une employée, mais il sait que c'était la bonne décision à prendre.

À quand remonte votre dernière expérience de sérénité ? Si vous avez de la difficulté à décrocher, cela fait un bout de temps. Nous y reviendrons.

La sixième émotion qui fait que votre vie vaut la peine d'être vécue, c'est l'**espoir**. Il s'agit d'une émotion qui vous permet à la fois de faire face aux événements qui meublent votre vie et de vous lancer dans des projets qui vous importent parce que vous êtes prêt à investir les efforts nécessaires à leur réalisation.

Il y a donc une grande différence entre l'espoir et ce que nombre de gourous appellent la visualisation positive. Il ne suffit pas de se fermer les yeux et de visualiser quelque chose pour qu'elle se produise. Ça, c'est de la science-fiction. Pour qu'il y ait espoir, il faut que deux conditions soient réunies:

1. *Il faut que le rêve soit possible.* Sinon, pourquoi y investiriez-vous de l'énergie? Mais attention: un rêve possible peut être très grand. Il ne faut pas se contenter de petits défis quand de plus grands sont possibles.

2. *Il faut disposer des ressources nécessaires à sa réalisation ou être prêt à les acquérir.* Bref, chaque défi implique des efforts. On ne peut pas se contenter de rêvasser et d'attendre que ses rêves se produisent.

L'espoir maximise vos performances et vous permet de focaliser vos efforts. Ce faisant, cette émotion évite que votre environnement vous entraîne n'importe où. Grâce à elle, vous demeurez capitaine de votre vie. Elle ne devient pas un bateau sans voile sacrifié aux caprices de la météo.

- C'est aujourd'hui l'examen de fin d'année de mathématiques de Mimi. Est-elle nerveuse? Pas du tout. Contrairement à ses amies, elle se présente dans la salle d'examen avec la tranquille assurance qu'un nouveau succès l'attend. Elle a étudié. Elle a révisé les exemples du cahier de préparation à l'examen. Elle sait que ça ira bien. Détendue comme elle l'est, vous pouvez parier qu'elle sera fière de sa note.
- Ce client est en furie. Les autres vendeurs s'en tiennent éloignés, ce qui encourage sa colère. Michel s'approche de lui avec le sourire en sachant qu'il arrivera à désamorcer la colère de

cet homme. « Que se passe-t-il, monsieur Coderre ? » Le client, surpris par son aplomb, baisse d'un cran le volume de sa voix.

- Renée annonce aujourd'hui à son époux que leur union est terminée. Ça lui a pris du temps mais elle le fait avec aplomb. Elle n'a encore personne dans sa vie, mais elle en a assez d'être rabaissée. Elle est heureuse de se lancer dans une nouvelle vie où elle aura la chance de s'épanouir. Elle sait que c'est une vie meilleure qui l'attend dorénavant.
- Karine se présente à cette entrevue avec le sentiment qu'elle décrochera ce mandat. Son expérience correspond aux besoins de l'employeur. Elle est prête à se lancer dans un sprint de deux ans et à mener ce projet à terme. Parions que ça fonctionnera...

Sans être magique, l'espoir fait arriver les choses. Pourquoi ? Parce que, lorsque vous vous attendez à connaître le succès, vous mettez les efforts nécessaires pour que cela fonctionne. L'Univers a tendance à produire ce à quoi vous vous attendez si vous y investissez les efforts nécessaires. Sans espoir, vous n'avez aucune raison de vous investir.

Selon les circonstances, l'espoir prendra plusieurs noms : espérance, hâte, optimisme, *etc.* Dans tous les cas, de par ses effets héliotropes, il nous fournit l'énergie nécessaire pour changer notre vie.

La septième émotion qui fait que votre vie vaut la peine d'être vécue, c'est la **fierté**. Non pas l'orgueil, mais ce sentiment légitime qu'il est normal de ressentir quand on a donné tout ce qu'on avait à donner, quand on s'est élevé au-dessus de la mêlée, quand on a réussi alors que rien n'était gagné d'avance.

Dans un sens, la fierté est à l'estime de soi ce qu'une injection d'adrénaline est aux capacités physiques d'un individu. En faisant gonfler à la fois notre confiance en nous-mêmes et notre sentiment de valeur personnelle, elle nous rend capable de grandes choses.

- Mimi vient de recevoir sa note de mathématiques. C'est avec le sourire aux lèvres et le dos droit qu'elle quitte l'école. Elle s'attendait à ce résultat, mais le fait de le voir affiché sur le babillard de l'école la remplit d'une fierté légitime. Pour dire vrai, elle plane.
- En ce 12 janvier, Mireille quitte Victoriaville, contente de sa performance. Les gens ont apprécié sa conférence. De nombreuses participantes ont tenu à lui parler à la fin de la causerie. Elle a vraiment livré la marchandise.
- Alors que tous ses collègues se plaignent d'un marché en baisse, Mélissa apporte aujourd'hui à son directeur des ventes un contrat multiplateforme de plus de 50 000 $. Si la récession bat son plein, ce n'est pas dans la clientèle de Mélissa. Elle est particulièrement fière d'avoir songé à explorer les offres multiplateformes.
- Frédéric termine son quart de travail, satisfait de son travail. Aucune erreur ce soir. Les attentes des clients ont été comblées. Personne ne l'a félicité mais ce n'est pas nécessaire. Il sait que sa performance était à la hauteur.

Malheureusement, plusieurs d'entre nous ont grandi dans des milieux où on nous enseignait l'humilité, à un moment où humilité rimait avec sous-estime de soi. Mais ne vous sentez pas coupable: c'est normal de ressentir de la fierté. C'est bon, même. Sinon, comment aspirer à une vie meilleure si on ne se croit pas digne de la mériter?

Cette émotion vient vous confirmer que vous avez bien agi et vous rend plus apte à bien agir dans le futur parce que vous savez maintenant comment vous y prendre pour répéter votre performance[8].

Cela ne vous empêche pas de rester humble. Restez seulement objectif, et chaque fois que vous faites quelque chose qui a de la valeur pour vous ou pour les autres, permettez-vous de ressentir cette légitime fierté qui vient vous récompenser.

La huitième émotion qui fait que votre vie vaut la peine d'être vécue, c'est l'**amusement**. Il s'agit de la capacité à extirper de la vie ce qui en est plaisant. Cette émotion repose sur les talents de l'humour et de la vitalité. Elle vous amène à rire (ce qui libère dans votre corps des neurotransmetteurs bénéfiques pour votre survie), à sourire ou à dédramatiser les événements qui vous arrivent.

- Il est 22 h 50. Mélanie et Alex n'ont que dix minutes pour faire une épicerie. C'est Mélanie qui tient la liste, une liste qui n'a même pas été rédigée en fonction de la configuration du supermarché. Dans ces circonstances, qu'est-ce qui serait le plus logique, le plus efficace ? Que Mélanie déchire la liste en deux, qu'elle en donne une moitié à Alex, que chacun parte chercher les articles inscrits sur sa moitié de liste et qu'ils se rencontrent à la caisse. Mais non ! Ces deux amoureux tiennent à s'amuser. Ils vont donc transformer cette corvée (quoi de moins amusant que de faire l'épicerie ?) en véritable chasse au trésor. Suivant la liste telle qu'elle a été rédigée, ils vont faire la course d'un bout à l'autre de l'épicerie, riant, trouvant, s'embrassant. Neuf minutes plus tard, ils se présentent à la caisse, encore plus amoureux qu'en arrivant.

---

8. Dans le même ordre d'idées, il peut être dangereux de vous tenir avec des gens qui réduisent la valeur de vos réalisations parce que, ce faisant, c'est également votre valeur qu'ils minimisent.

- Marc traverse le parc en direction du travail quand la pluie commence. Au point où il en est, c'est trop tard pour retourner à la maison chercher son parapluie. Que faire? S'énerver? Au lieu de ça, Marc se met à chanter *Singin' in the Rain* et, pendant les dix minutes qui lui reste avant d'arriver au boulot, il sera Gene Kelly.

- Myriam est dans la salle de bain et se prépare pour la nuit. Du passage, Aldo lui dit qu'il est caché derrière la porte et qu'il la fera sursauter quand elle sortira. Le jeu peut commencer. Au moment où elle sort de la salle de bain, Myriam fait comme si de rien n'était et ne regarde même pas derrière la porte. Aldo en sort en jouant les agresseurs. Myriam crie puis se met à courir avant de sauter sur le lit où elle continue, toute nue, à sauter de plus belle. Aldo vient la rejoindre et saute avec elle un peu avant de la serrer contre lui. Le jeu (ce jeu-là, du moins) est terminé.

- Depuis dix minutes, ce client engueule les préposés du commerce. Il est cramoisi et ne veut rien entendre quand on tente de lui expliquer la raison du retard de sa commande. Quand il finit par quitter l'établissement, les employés ne savent quoi dire. À ce moment, Édith brise le silence: «Je crois que ce client est insatisfait.» Tous se regardent et éclatent de rire devant l'inutilité de cette remarque.

L'émotion *amusement* a un ennemi: la censure. Il est bien entendu qu'aux yeux de ceux qui voient Marc traverser le parc, son comportement peut être soit rigolo, soit complètement ridicule. De même, Aldo devrait savoir qu'on ne fait pas sursauter quelqu'un si on lui dit à l'avance qu'on est caché derrière la porte. Pour ressentir de l'amusement, il faut embarquer dans le jeu, il faut redevenir enfant. À quand remonte la dernière fois où, devant jeter un bout de papier dans la corbeille, vous vous êtes transformé en joueur de basketball en faisant mine de compter un point?

La neuvième et avant-dernière émotion qui fait que votre vie vaut la peine d'être vécue, c'est l'**élévation**. C'est une émotion qui vous élève spirituellement et qui vous donne envie de devenir meilleur, de faire le bien ou de mieux jouer votre rôle dans l'Univers. C'est souvent quand vous êtes témoin d'un acte vertueux que vous vous sentez inspiré, élevé.

- Chaque fois qu'elle présente à ses participants la scène finale du film *Flashdance*, cette formatrice est émue. Même après des dizaines de visionnement, elle est encore transportée par la capacité de l'héroïne à donner son meilleur, à aller au bout de son talent.
- C'est après avoir écouté un témoignage de Pierre Lavoie, cet athlète québécois ayant mis sur pied l'Association de l'acidose lactique après que cette maladie lui eut volé deux enfants, que Martin a décidé de s'impliquer dans cette cause. Cette année, il a participé au Grand Défi Pierre Lavoie et a ainsi amassé une bonne somme pour la cause.
- Laurent avait l'impression que ça ne donnait rien d'étudier parce que les Noirs ont moins de chance de se faire une place au Québec. Puis il a assisté à l'entrée en fonction du président Obama. Depuis, il a redoublé d'ardeur en classe. Obama est un véritable exemple pour lui.

Qu'est-ce qui produit ce sentiment d'élévation? Premièrement, les personnes exceptionnelles nous font réaliser qu'il est possible d'aller plus loin et que les limites qu'on s'impose sont artificiellement basses. On se dit alors qu'on peut aussi s'attendre à plus grand, qu'il est possible d'aller plus loin.

Les records sont faits pour être battus

C'est le 30 mai 1908, en Grande-Bretagne, qu'Harold Wilson a couru le 1500 m en moins de 4 minutes (3 minutes, 58 secondes et 3 dixièmes, pour être plus précis). C'était considéré comme fantastique à l'époque.

En 1930, Jules Ladoumèque le faisait en 3 minutes 49 tandis que, 11 ans plus tard, Gunder Hägg le ferait en 3 minutes, 47,6. Le 14 juillet 1998, à Rome, Hicham El Guerrouj le faisait en 3 minutes 26.

Chaque record pave la voie au record suivant. Chaque fois que vous voyez un être humain se dépasser, vous réalisez que c'est possible et vous vous sentez interpellé: *Pourquoi pas vous?*

Deuxièmement, ces personnes nous rapprochent de notre humanité, de ce qu'il y a de meilleur chez l'être humain. Habitués comme nous le sommes à focaliser sur les travers de l'espèce humaine, nous sommes émus par ces personnes qui nous invitent à mettre en valeur tout ce que nous avons, nous-mêmes, de plus beau au fond de nous.

La dixième émotion qui fait que notre vie vaut la peine d'être vécue, c'est l'**amour**. Elle repose sur un talent qui s'appelle le besoin d'aimer et d'être aimé. Pourquoi citer l'amour en dernier? La suggestion est de Barbara Fredrickson, auteure du livre *Positivity*. Parce que, dit-elle, cette émotion a le pouvoir de nous faire ressentir les neuf autres émotions qui font que la vie vaut la peine d'être vécue.

L'amour vous élève, vous rend curieux, vous pousse à jouer, vous procure d'intenses moments de joie, *etc.* C'est l'émotion ultime, la mère de toutes les autres. L'amour change votre perception du temps, rend les jours de pluie radieux et vous amène à vous dépasser. C'est un état merveilleux.

Combien de folies sont faites par amour ? Combien de douces folies ? Vous savez, ces gestes qu'on pose et qui transforme une journée ordinaire en célébration. Ces fleurs qu'on n'avait pas prévu envoyer. Cette rampe qui n'est pas prévue pour être escaladée. Cette journée de congé prise pour simplement aller nourrir les canards du parc !

Et je ne parle pas ici seulement de l'amour qu'on retrouve dans un couple. Il y a l'amour qu'on doit ressentir pour les autres. L'amour présente différents degrés, différentes intensités. Heureux ceux qui l'ont trouvé.

Le bonheur n'est qu'un sous-produit

Vous connaissez maintenant les dix symptômes qui amènent les gens à être heureux. Vivez-les plus souvent et vous n'aurez pas à courir constamment après le bonheur ; c'est lui qui vous trouvera. Dans les pires difficultés, il vous permettra quand même de sourire.

Il est illusoire de courir après le bonheur. C'est comme courir après un mirage qui s'éloigne à mesure que vous avancez. Oubliez donc l'image du bonheur que vous vous êtes peu à peu forgée pendant que vous grandissiez. Vous allez maintenant travailler à vivre.

Dans le prochain chapitre, je vous offre des moyens de vivre plus souvent ces dix émotions. Ce sera le chapitre quantitatif. Au chapitre 3, je vous apprendrai à mieux savourer chacun des instants qui vous procurent ces émotions. Ce sera notre chapitre qualitatif.

Il vous restera ensuite, aux chapitres 4 et 5, à trouver vos véritables passions et à changer votre vie si vous jugez que vous n'êtes pas satisfait de celle que vous vivez actuellement.

Un premier exercice

Que diriez-vous d'y aller de quelques réflexions avant de plonger dans le prochain chapitre? Je vous propose trois questions. Vous n'êtes pas obligé de répondre mais, si vous le faites, votre lecture du prochain chapitre s'en trouvera bonifiée.

1. Quelle était votre définition du BONHEUR avant de lire ce chapitre. Qu'est-ce qui a changé depuis?

 ____

 ____

 ____

2. Vous retrouverez nos dix émotions positives dans le tableau suivant. Dans un premier temps, songez à votre journée d'hier. Rappelez-vous ce qui s'y est passé et, dans la deuxième colonne, indiquez combien de fois vous y avez ressenti chaque émotion.

Émotion positive	Nombre d'occurrences hier	Événement associé
Joie		
Gratitude		
Intérêt		
Ravissement		
Sérénité		
Espoir		
Fierté		
Amusement		
Élévation		
Amour		

Maintenant, pour chaque émotion, fouillez dans votre passé et trouvez un événement que vous lui associez fortement. Par exemple, quel événement, dans toute votre existence, vous a fait ressentir le plus de joie, de gratitude, d'intérêt, *etc.* Inscrivez ces événements dans la troisième colonne et prenez le temps de vous rappeler comment vous vous sentiez lors de chacun d'eux.

3. Retenez ces belles émotions que vous êtes en train de vivre et répondez à la question suivante : *Aimeriez-vous les ressentir chaque jour ?*

C'est possible. Et vous n'aurez pas besoin d'une nouvelle hypothèque pour y arriver. Le secret se trouve au fond de vous. Tournez la page et réapprenez à vivre.

CHAPITRE 2

Une question d'attitude

Je me sentais misérable parce que
je n'avais pas de chaussure.
Jusqu'à ce que, dans la rue, je rencontre
un homme qui n'avait pas de pied.

Ancien dicton perse

Peu importe où vous allez,
sans égard à la température,
apportez votre propre soleil.

Anthony J. D'Angelo

Nous en voici donc au volet quantitatif de ce livre. Nous souhaitons dans ce chapitre apprendre à maximiser le nombre de fois où nous ressentons, chaque jour, ces dix émotions positives qui font que la vie vaut la peine d'être vécue.

Avant de vous lancer, cependant, vous devrez faire un détour à l'intérieur de votre boîte crânienne. Il s'y trouve, logé dans votre cerveau, un dispositif unique qui vous sert à interpréter ce qui vous arrive chaque jour. Cet interprète d'événements, selon sa configuration, peut vous mettre en contrôle de votre destinée ou vous faire sentir comme une victime insignifiante qui n'a d'autres choix que de subir les caprices du destin. De quel côté vous trouvez-vous?

Nettoyez vos filtres

Qu'est-ce qu'une émotion? Quand naît-elle? On a tendance à penser que les événements sont à l'origine de nos émotions, que la relation est directe entre l'événement et ce qu'on ressent. Par exemple:

Événement: Bertrand arrive au bureau à 9 h 15 un matin de février. Son patron, qui est justement à la réception, lui demande de passer le voir, à son bureau, au cours de la journée.

Émotion: Bertrand est dévasté. Il sait que ce n'est pas la première fois qu'il arrive en retard cette semaine. Il connaît son patron exigeant. Il se doute bien qu'il recevra une sévère remontrance ou, pire encore, qu'il sera mis à la porte aujourd'hui. Il sent monter la fièvre et, vers 11 h, il explique au réceptionniste qu'il ne va pas bien et qu'il rentre chez lui. La rencontre avec le patron n'aura finalement pas eu lieu.

Il peut être tentant de penser que c'est la requête de son patron qui a provoqué ces émotions chez Bertrand. Mais il n'en est rien. Revoyons la scène :

Événement : Bertrand arrive au bureau à 9 h 15 un matin de février. Son patron, qui est justement à la réception, lui demande de passer le voir, à son bureau, au cours de la journée.

Émotion : Bertrand sent immédiatement un mélange de joie, d'espoir et de fierté s'emparer de lui. Il se dit que son patron a sûrement eu vent de sa vente d'hier soir et qu'il recevra de chaleureuses félicitations. Bertrand regarde son agenda pour déterminer ce qui est urgent et ce qui ne l'est pas. Il ira voir son patron dès que les tâches urgentes seront réglées.

Ce ne sont pas les événements qui sont à l'origine des émotions. C'est l'interprétation qu'on en fait. Les événements sont neutres. C'est ce qui se passe dans notre tête qui fera naître des émotions positives ou négatives en nous. C'est comme si nous possédions un filtre à travers lesquels passent les événements avant que nous les ressentions.

Mais nous n'avons pas que le filtre de l'interprétation. Nous en avons également un autre qui décide de ce que nous percevrons et de ce que nous ignorerons. C'est celui de la perception sélective. Il y a des fois où nous décidons de voir ou d'entendre certaines choses tout en refusant d'en percevoir d'autres. Voyons quelques exemples.

- Danielle est arrivée de mauvaise humeur à cette rencontre de médiation. En conséquence, elle n'a perçu dans le discours de son ex que tout ce qui la mettait en rogne. Elle n'a pas retenu les bonnes intentions et les ouvertures. Au bout du compte, la médiation a avorté.
- Selon son humeur, quand elle traverse le parc pour se rendre au travail, Émilie rumine ses insatisfactions du bureau, ou prend le temps de réellement voir la nature et les gens. Selon le cas, elle arrive au boulot en pleine forme ou à moitié épuisée.

Vous arrive-t-il de ne percevoir que ce qui vient confirmer vos attentes lors d'une rencontre? Avez-vous tendance à interpréter négativement ce qui vous arrive? Dans les deux cas, vos filtres vous empêchent de mieux vivre.

En exerçant un meilleur contrôle sur vos filtres, vous êtes déjà en mesure de ressentir plus d'émotions positives chaque jour. Voyons maintenant comment ressentir plus souvent ces dix belles émotions chaque jour.

Ressentir plus de joie

Je le fais parce que je suis une fille joyeuse.
Parce que le monde ne nous doit rien.
Mais nous devons le monde à ceux qui nous entourent.

Ani Difranco

Quelle belle émotion que la joie! Mais comme elle repose souvent sur l'effet de surprise, comment la planifier pour la ressentir plus souvent dans une journée? La réponse vous paraîtra insipide: vous ne pouvez pas planifier des instants de joie dans votre journée. Au mieux, vous pouvez planifier des événements qui maximiseront vos chances de ressentir cette merveilleuse émotion.

Alors, commencez par compléter le tableau ci-dessous en respectant les instructions suivantes. Rappelez-vous les dix dernières fois où vous avez ressenti de la joie. Où étiez-vous? Que faisiez-vous? Avec qui étiez-vous? Imbibez-vous de ce que vous avez alors ressenti et inscrivez, pour chacun de ces instants, ce qui s'est passé, l'environnement où vous vous trouviez et ce que vous avez ressenti. Prenez vraiment le temps de faire cet exercice, même si votre dernier instant de joie remonte à cinq ans. Ça vaut la peine.

Mes instants de joie		
Où j'étais	Ce que je faisais	Avec qui j'étais

Maintenant, demandez-vous ce que vous devriez faire pour que de tels événements se produisent également demain. Devriez-vous visiter ces lieux à nouveau? Devriez-vous refaire ces gestes? Devriez-vous vous retrouver avec ces personnes? Pourquoi ne pas aider la vie et recréer les conditions qui vous font sentir bien? Si vous êtes super bien avec certaines personnes, pourquoi ne pas faire en sorte de les voir plus souvent? Si vous planez quand vous faites telle ou telle chose, pourquoi ne pas la faire plus souvent?

Il ne sert à rien de laisser le destin décider de vos instants de joie. Vous savez ce qui les déclenche. Provoquez-les! Pourquoi être passif devant cette belle émotion? Réunissez les conditions gagnantes et faites en sorte de ressentir la joie chaque jour.

Ressentir plus de gratitude

Ressentir de la gratitude et ne pas l'exprimer, c'est comme emballer un cadeau et ne pas le donner.

William Arthur Ward

Qui aime les ingrats? Personne. Et pourtant, je parie que vous l'êtes vous-même au quotidien. Vous êtes en santé? En êtes-vous au moins conscient? Vous êtes apprécié? En avez-vous conscience? Vous êtes vivant? Le savez-vous? Il est tellement facile de s'endormir et d'oublier tout ce que la vie nous donne chaque jour.

Je vais, dans cette section, vous offrir quatre exercices qui vous feront ressentir plus de gratitude au quotidien. Le premier est tiré de mon livre *52 jours pour réinventer ma vie.*

1. Trois mercis par jour

La mémoire est à la fois sélective et malléable. Sélective parce que souvent on entretient uniquement les souvenirs qui viennent confirmer ses idées préconçues, et malléable parce que, à force de les repasser, on peut modifier ses souvenirs.

Cette première activité mise sur la sélectivité de la mémoire. Vous en ferez une nouvelle habitude, que vous maintiendrez toute votre vie.

Dans un cahier ou dans un fichier informatique, créez une section que vous nommerez «Mes trois mercis». Dorénavant, vous prendrez chaque soir quelques instants pour y inscrire trois événements qui vous sont arrivés dans la journée et que vous avez appréciés.

Le premier merci fera suite à un **événement agréable** que vous avez vécu au cours de la journée. Faire l'amour, écouter un bon disque, partager un repas avec des amis, terminer un roman passionnant, obtenir des félicitations pour un travail réussi, voilà autant d'événements qui méritent l'étiquette «d'agréable». Ce type d'événement, nous le verrons plus loin, vient augmenter le sentiment de bonheur.

Le deuxième merci fera suite à une activité qui vous a permis de connaître ce que Mihaly Csikszentmihalyi (se prononce Tchiksent-miali) appelle le *flow*, un terme que nous verrons plus en profondeur un peu plus tard. Il s'agit d'une **activité qui vous a captivé** tellement que vous en avez perdu la notion du temps. La lecture d'un livre ou l'accomplissement d'un travail peuvent avoir cet effet.

Quant au troisième merci, il viendra reconnaître un **geste** que vous avez fait et qui a rendu le monde meilleur. Avez-vous rendu un service? Avez-vous contribué à une œuvre qui dépasse le cadre de votre vie?

Ne vous en faites pas si, les premiers jours, vous n'avez qu'un ou deux mercis à formuler. D'ici à la fin de votre démarche, d'autres activités vous permettront de peupler votre vie de ces trois types d'événements qui amènent un merci.

Cette habitude, si vous l'entretenez, aura deux effets positifs dans votre vie. Premièrement, elle façonnera vos souvenirs. Quand vous penserez à hier, ce sont ces trois événements heureux qui vous viendront d'abord à l'esprit, ce qui fera grandir votre sentiment de gratitude.

Deuxièmement, elle vous forcera à rester à l'affût des bonnes choses qui vous arrivent, ce qui a un effet positif sur votre appréciation de l'instant présent. Nous reviendrons sur ce sujet un peu plus loin dans la démarche.

2. Qu'est-ce que vous ne souhaitez pas perdre ?

Il y a tellement de choses qu'on tient pour acquises et qui pourtant devraient chaque jour être source de gratitude. Prenez la santé : avez-vous remarqué à quel point vous vous sentez bien quand, après une vilaine grippe de trois semaines, vous vous réveillez en pleine santé ? Ces jours-là, vous débordez d'énergie et vous êtes portés à crier merci à la vie.

Mais trois jours plus tard, vous avez déjà oublié ce privilège qu'est la santé parce que vous vous y êtes habitué. Eh oui, on s'habitue. L'acédie nous prive subtilement de la jouissance de cet immense cadeau qu'est la santé.

Prenez une feuille ou ouvrez un fichier informatique, et indiquez quarante ou cinquante choses auxquelles vous vous êtes ainsi habitué. Des choses dont vous ne voudriez pas être privé, mais pour lesquelles vous ne ressentez plus de gratitude au quotidien. Pour vous aider, j'en ai mis une quinzaine dans l'encadré suivant. Remarquez que ces éléments vous sont offerts à titre indicatif. Vous êtes une personne unique et ce qui fait naître en vous la gratitude ne sera pas identique chez une autre personne.

La santé	La vie	La vue
Mes enfants	Le dernier CD de...	Ma profession
Mon amoureuse	Le toit que j'ai sur la tête	Les fréquentations de mes enfants
Le soleil	Mes rencontres entre amis le samedi soir	Mon travail
La chance de vivre au Québec	La littérature	L'accès à une piste cyclable

Votre liste est complétée? Bravo! Repassez maintenant chacun des items qui s'y trouvent et répondez pour chacun à la question suivante: comment réagiriez-vous si vous en étiez subitement privé? Prenez le temps de répondre à cette question pour chaque item.

Imaginez par exemple que demain, vous n'ayez plus de toit sur la tête. Vous n'aimeriez pas ça, n'est-ce pas? Vous seriez désemparé. Vous vous ennuieriez de la période bénie où vous considériez ce privilège comme un acquis. Dans ce cas, n'êtes-vous pas un peu ingrat en agissant chaque jour comme si ça vous était dû?

Pourquoi ne prendriez-vous pas l'habitude, chaque matin, de choisir un article au hasard dans votre liste et de remercier la vie de vous l'avoir offert. Imaginez comment vous vous sentiriez si on vous en privait. Ressentez le plaisir de pouvoir en profiter au quotidien et ressentez la gratitude qui l'accompagne. Prononcez ensuite un beau merci, à voix haute ou intérieurement. C'est bon d'avoir tout ce que vous possédez. Prenez du temps pour en profiter.

3. Avez-vous oublié quelqu'un?

Il y a également des gens qu'on considère comme acquis. Des gens que vous ne remarquez peut-être pas chaque jour, mais qui vous feraient cruellement défaut s'ils ne se présentaient pas. Votre partenaire de vie. Vos collègues. Cet employé du café qui vous salue par votre nom et qui vous souhaite une belle et bonne journée chaque matin. Tous ces gens viennent bonifier vos journées. Pourquoi ne pas les remercier?

Voici donc un défi pour vous: j'aimerais qu'à partir d'aujourd'hui, vous disiez merci à au moins une de ces personnes chaque jour. Ne vous en faites pas: je ne vous demande pas de vous prosterner. Contentez-vous de dire merci à une personne pour ce qu'elle fait pour vous. Avec le temps, vous passerez à deux, à trois puis à quatre personnes, et vous remarquerez que c'est bon de dire merci. Cela vous connecte et vous rappelle que vous êtes chanceux.

4. Vivre la chance au quotidien

Savez-vous que vous vivez majoritairement sur l'automatique? Quand vous conduisez par exemple. Êtes-vous toujours bien présent mentalement ou vous laissez-vous entraîner par vos pensées en laissant votre corps aux commandes de la voiture sans être vraiment là? Nous vivons plus de la moitié de notre vie en mode automatique.

Remarquez que cela n'est pas étonnant. Vous êtes bombardé chaque jour par des millions de stimuli. Imaginez que vous voyiez chaque publicité, que vous entendiez toutes les conversations qui vous entourent, ou que vous soyez conscient de tout ce qui se passe autour de vous. La surcharge cognitive que cela vous imposerait serait insoutenable. C'est la raison d'être de ces filtres dont nous avons parlé en début de chapitre.

Et si vous tentiez de mieux contrôler ces filtres? Il est facile, tout au long de la journée, de ne pas vous en rendre compte quand quelqu'un vous rend service. Il est facile de ne pas s'arrêter pour en profiter quand vous sortez pour le lunch et qu'un magnifique soleil vient vous saluer. Il est aisé de rentrer à la maison sans croiser le regard de cette partenaire qui crie son désir pour vous. Et si vous preniez l'habitude de percevoir ces cadeaux de la vie?

Soyez présent. Sans percevoir tout ce qui se trouve dans votre environnement, refusez de traverser la vie comme si vous étiez en transit. Regardez ce qui se passe autour de vous. Entendez ce qui se vit alentour. Sentez, touchez, ressentez. Vivez votre quotidien au lieu d'agir en zombie.

Si quelqu'un a un apport positif sur votre vie, remerciez-le. Si, de retour à la maison après le travail, la nature vous gratifie d'un splendide coucher de soleil, remerciez-la. Vous avez la capacité, mentalement, d'arrêter le temps, de profiter de ce qui vous arrive et de ressentir de la gratitude.

Des bouffées de chaleur amoureuse

Vous voulez vivre ce sentiment dès maintenant? Pensez à la personne la plus signifiante de votre vie. Ressentez le plaisir que vous avez à être avec elle. Pensez à ce que vous ressentiriez si elle quittait subitement votre existence. Quelle chance vous avez de pouvoir compter sur sa présence dans votre vie! Sentez naître en vous des bouffées de chaleur amoureuse. Appelez-la immédiatement et dites-lui merci. Merci pour tout.

C'est fait? Comment vous sentez-vous? Chanceux? Reconnaissant? Vous êtes capable de ressentir tout cela au quotidien. Il vous suffit de vivre consciemment et de percevoir les gestes de tous ceux qui améliorent votre vie. Et de leur dire merci.

Ressentir plus d'intérêt

Ceux qui dansaient étaient perçus comme fous par ceux qui ne pouvaient pas entendre la musique.

Angela Monet

Êtes-vous intéressé par ce que vous vivez au quotidien? Par exemple, quel rapport entretenez-vous envers votre emploi? Selon votre niveau d'intérêt, trois choix s'offrent à vous.

1. Mon emploi, c'est un job, ni plus ni moins. Dans ce cas, vous vendez votre temps et vos connaissances à un employeur. Votre intérêt est minimal. Vous effectuez votre travail machinalement en regardant l'horloge et en calculant le temps qui reste à votre quart de travail.

2. Mon emploi, c'est une carrière. Dans ce cas, vous vous considérez comme un professionnel et vous avez à cœur de bien faire votre travail. Vous vous questionnez aussi sur les possibilités de promotion et vous investissez les efforts nécessaires afin d'être bien évalué par la direction. C'est normal puisque vous souhaitez améliorer votre sort.

3. Mon emploi, c'est une vocation. Dans ce cas, vous travaillez parce que vous avez une mission à remplir. Vous vous êtes trouvé une raison d'être et vous souhaitez y contribuer au maximum. C'est pour cette raison que vous vous présentez au travail avec le désir de faire avancer les choses, de contribuer. Votre intérêt est maximal.

Où vous situez-vous? Quel est votre intérêt dans votre couple. Il ira grandissant selon que vous êtes en couple pour ne pas être seul ou que votre passion amoureuse est telle que vous vous questionnez constamment sur ce que vous pourriez faire pour faire plaisir à l'autre.

Comment pouvez-vous ressentir plus d'intérêt au quotidien? En découvrant vos passions, bien entendu. Et en mettant de la passion dans ce que vous faites déjà.

Découvrez vos passions

Commençons par votre enfance. Qu'est-ce qui vous passionnait étant jeune? De quoi rêviez-vous? Nous passons tous à travers une période où notre intérêt est au maximum. Nous pouvons regarder une coccinelle pendant des heures. Nous nous plongeons dans des livres traitant de notre passion de la semaine. Nous collectionnons les feuilles ou les cartes de baseball. Nous faisons du sport de compétition, *etc.*

À ce moment, chacune de ces activités nous passionne. Nous ne comptons pas le temps investi dans chacune d'elles. Elles ne nous semblent pas être des corvées. Nous nous y investissons parce que nous avons envie de le faire, sans nous demander ce que nous en retirerons.

Puis arrive ce temps de la vie où on nous dit d'être raisonnable et responsable. À l'école, le plaisir d'apprendre est remplacé par le souci d'obtenir de bonnes notes, quitte à tout oublier en quittant la salle d'examen. Les grands décident de ce qui est bien pour nous. On se fait dire de garder les pieds sur terre et d'entrer dans le lot.

Rappelez-vous vos passions d'enfance et répondez à la question suivante: pourriez-vous les redécouvrir aujourd'hui? Pourriez-vous vous garder du temps, chaque jour, pour vous adonner à une activité qui vous passionnait alors? Qui sait? Vous ressentirez peut-être à nouveau cette passion qui vous animait alors.

Passons au présent. Vous arrive-t-il d'être tellement subjugué par une activité ou par une personne que vous perdez la notion du temps ? Lors de ces moments, vous êtes dans une bulle et plus rien n'importe. Votre intérêt est au maximum.

- Victor est programmeur pour une boîte de conception de logiciels des Laurentides. Il adore apprendre. Alors que ses collègues pestent quand une nouvelle version de leur logiciel est mise sur le marché, Victor est fébrile. Il s'installe devant son écran, installe la nouvelle version et explore les nouvelles fonctionnalités. Il n'est pas rare qu'il quitte l'écran des heures plus tard en ayant l'impression qu'il vient tout juste de se mettre à la tâche.
- Mélanie et Alex sont arrivés au resto vers 17 h. Ils ont mangé. Ils ont bu. Ils ont parlé. Ils ont ri. Toute la soirée durant, chacun s'est perdu dans les yeux de l'autre pendant que leurs mains caressaient les bras ou les cuisses de l'autre. En quittant le restaurant, ils sont surpris de réaliser qu'il est plus de 23 h. Il y a donc six heures qu'ils sont ensemble, face à face ! Le temps prend une autre dimension quand ils se rencontrent.

À quel moment de la journée ressentez-vous de l'intérêt ou de la passion ? Lors de quelles activités ? Lorsque vous êtes avec qui ? Pouvez-vous faire en sorte que ces événements se produisent plus souvent chaque journée ? Vous le pouvez.

Si vous ne ressentez aucune passion

Dans ce cas, il est temps de vous en trouver une. Vous voyez-vous passant le reste de vos jours à traverser des journées ennuyeuses ? Le chapitre 4 vous aidera à explorer les possibilités qui s'offrent à vous. Faites-vous un cadeau et recommencez à mordre dans la vie !

Injectez de la passion dans vos activités quotidiennes

Dans mon livre *Devrais-je démissionner ?* je raconte l'histoire d'une comptable qui trouvait son emploi de plus en plus ennuyeux et qui songeait à le quitter. Jusqu'à ce qu'un jour elle se penche sur ses passions enfantines pour se souvenir que, petite, elle rêvait d'être comédienne ou humoriste.

Elle a alors proposé aux associés du bureau de devenir celle qui présenterait aux clients les nouvelles réglementations gouvernementales. Depuis lors, à quelques reprises par an, le bureau invite les clients à ses présentations. Elle a un charme certain et elle sait rendre captivante la présentation d'une mesure fiscale ! Cette modification dans sa description de tâches a remis de la passion dans son rapport avec son emploi. Elle ne songe plus du tout à démissionner. Elle nourrit maintenant un intérêt constant pour les nouveaux projets de loi !

Pourriez-vous faire comme elle ? Comment pourriez-vous bonifier votre emploi pour y injecter de l'intérêt ? Si vous trouvez une réponse à cette question, faites-en part à votre patron. Il y gagnera également parce que votre productivité s'en trouvera améliorée. Il est difficile d'être productif quand on s'ennuie.

Comment pourriez-vous injecter de la passion dans votre vie amoureuse ? Dans vos rapports avec vos enfants ? Dans votre vie quotidienne ?

Passion et talents

Les dernières découvertes en psychologie démontrent qu'une activité ennuyeuse peut devenir fascinante si vous êtes capable de la faire en utilisant vos talents dominants. Pour en apprendre davantage sur la réingénierie positive, lisez le volume que j'ai écrit *Comment exploiter mes employés*. Un livre bien plus gentil que ne le laisse présager le titre.

À certaines occasions, cela ne sera pas possible. Il y a des situations toxiques qui ne mènent qu'à un cul-de-sac. Dans ces cas-là, il vaut mieux faire le constat qui s'impose et passer à un autre emploi, à un autre amoureux ou à un autre cadre de vie. Il faut oser !

Ressentir plus de sérénité

Difficile défi que de ressentir une continuelle sérénité dans un monde fondé et basé sur une perpétuelle rivalité.

Daniel Desbiens

Je tends de plus en plus vers l'humilité, vers la sérénité, vers la bienveillance et celui qui me dira le contraire, je lui écraserai à coups de talon sa face de rat!

Philippe Bouvard

S'il existe un ennemi à la sérénité, c'est bien le stress. À force de courir de gauche à droite du matin au soir, on perd de vue sa place dans l'Univers et on oublie qui on est. La sérénité exige un changement de vitesse et un esprit libre. Les quelques outils qui suivent vous aideront à la vivre plus souvent.

Fixez-vous des priorités

Combien de fois par semaine terminez-vous vos journées en vous sentant fier d'avoir accompli tout ce que vous aviez à faire ce jour-là? C'est plutôt rare, n'est-ce pas? On débute la journée avec trois ou quatre activités en tête. Arrivent ensuite les crises, les requêtes des autres et les interruptions. Tout au long de la journée, les nouvelles activités se présentent et on arrive au soir essoufflé avec le sentiment de ne pas avoir avancé.

Vous vous reconnaissez? Vous vivez de temps à autre la culpabilité associée au fait qu'on réalise, en fin de journée, que ce qui était vraiment important n'a pas été accompli, que les crises ont pris le contrôle de votre agenda? Il est temps de mettre de l'ordre dans vos journées.

Quand vous planifiez votre temps, prenez l'habitude de diviser les activités en trois groupes: les priorités, les choses à faire et les pertes de temps. Votre objectif devrait être de terminer vos activités prioritaires chaque jour. Ne vous sentez pas coupable pour le reste: faites ce qui doit être fait et, au lieu de vous lancer automatiquement dans l'action quand une requête survient, demandez-vous si elle vous revient vraiment.

Cette habitude aura un impact sur une autre émotion positive: la fierté. En effet, en terminant chaque journée avec le sentiment du devoir accompli, vous ressentirez cette autre émotion qui fait que la vie vaut la peine d'être vécue.

Reprenez contact avec la nature

Y a-t-il, dans votre voisinage, un endroit (un parc, une montagne, un lac) où vous pourriez de temps à autre vous rendre pour reprendre contact avec la nature? Un endroit où vous pourriez oublier la cadence de la journée pour observer à quel point la nature est bien faite? Voici d'ailleurs trois témoignages à ce sujet.

- «Tous les samedis, je quitte la ville pour une randonnée sur le mont Orford. J'enfile mes bottes de marche et je me lance à l'assaut de la montagne. Je prends mon temps. J'examine. Je prends soin d'humer la forêt puis, quand j'arrive sur un sommet, je m'assieds et regarde le magnifique paysage sur 360 degrés. Je déguste alors un fruit et je ressens le souffle du vent sur mon visage. Je me sens en communion avec la nature. Je peux facilement rester assise là-haut pendant une demi-heure avant de redescendre. Au retour, je me sens tellement bien ! »

- « Deux fois par semaine, je quitte la maison trente minutes plus tôt et je traverse le parc au lieu de me rendre au bureau en voiture. Je regarde la nature. Je salue les joggers et je respire à pleins poumons. Ces matins-là, j'arrive au travail en paix et aucun défi ne me fait peur. »
- « Nous faisons de la voile depuis trois ans, et si vous saviez comme c'est bon ! Il y a des jours où nous avons l'impression de ne plus faire qu'un avec la nature. Ces jours-là, nous nous sentons également bien plus amoureux l'un envers l'autre... »

Ces activités vous offrent nombre de bénéfices supplémentaires. Elles sont bonnes pour la santé et elles vous font ressentir une autre émotion positive : l'élévation.

Apprenez à vous détendre

Il est difficile de ressentir de la sérénité quand on est à cran. Comment se sentir serein quand on ressent un poing au milieu du dos ou quand on sent poindre un mal de tête ? Quand ces moments se présentent, il faut apprendre à se relaxer.

Les techniques de relaxation sont tellement nombreuses que nous ne ferons ici qu'aborder le sujet. Commençons avec la méditation. Fermez les yeux et concentrez-vous sur votre respiration. Au bout d'un certain temps, retenez votre souffle et comptez lentement jusqu'à 5. Expirez alors en imaginant que toute votre tension quitte votre corps, emportée par l'air que vous évacuez. Concentrez-vous à nouveau sur votre respiration et répétez. Visualisez maintenant où vous êtes, dans quelle pièce. Reculez votre caméra mentale et voyez l'immeuble dans son ensemble. Reculez à nouveau pour voir votre quartier, votre pays, la planète, l'univers. Dites-vous que vous faites partie de ce magnifique ensemble. Appréciez l'instant puis rapprochez-vous à nouveau de votre corps. Ouvrez les yeux. Soyez bien.

La visualisation peut également vous aider à vous détendre. Fermez les yeux et remémorez-vous des vacances que vous avez adorées ou inventez-en de nouvelles. Imaginez-vous sur la plage ou sous la hutte. La mer est turquoise. Des effluves de lotions solaires atteignent vos narines. Vous êtes bien.

L'exercice physique peut également vous aider à vous détendre. À ce chapitre, il est bon de vous rappeler que plus vous serez en santé physique, plus vous serez en santé mentale. Les deux vont de pair.

Sortez certaines personnes de votre vie

Y a-t-il des gens auprès de qui vous ne pourrez jamais être serein? Des gens qui vous dévaluent injustement ou qui vous font sentir coupable? Avez-vous besoin d'eux dans votre vie? Vous n'avez pas à supporter ceux qui torpillent votre état d'esprit à chaque rencontre. Demandez-vous si un peu de ménage ne serait pas de mise.

Évitez de crier à la catastrophe si ce n'est pas nécessaire

Avez-vous remarqué que chaque jour apporte son lot de crises ou d'imprévus? Ces interruptions font partie intégrante de l'existence. Vous ne pourrez jamais les sortir de votre vie.

Ce que vous pouvez faire, par contre, c'est les aborder avec sérénité en les replaçant dans leurs justes proportions et en les abordant avec la tranquille assurance que vous saurez en venir à bout. Il ne sert à rien de crier à la catastrophe mondiale devant un événement qui sera oublié demain matin. Alors, quand les crises s'immiscent dans votre vie, demandez-vous, avant de trop réagir, si ce qui se passe sera encore important la semaine prochaine.

Ressentir plus d'espoir

L'espoir nous est toujours disponible. Quand nous nous sentons vaincus, il suffit de prendre une bonne respiration et de dire « Oui ! » et l'espoir réapparaît.

Monroe Forester

Apprenez d'hier, vivez pour aujourd'hui et espérez pour demain.

Albert Einstein

Il y a un dicton qui dit que la majorité des choses importantes dans ce monde ont été réalisées par des gens fatigués et découragés qui continuaient tout de même à travailler. L'espoir a un impact direct sur le niveau d'énergie qui vous habite. Les gens qui ressentent cette émotion positive chaque jour ont à cœur de se lancer dans l'action. Ils souhaitent réaliser des choses. Ils ont envie d'avoir un impact sur leur destinée. Bref, ils vivent !

Les autres, ceux qui ont déjà abandonné, sont apathiques et préfèrent la torpeur au combat. L'acédie s'est emparée d'eux.

L'impact de l'espoir selon les scientifiques

Quand les événements paraissent incertains, vous attendez-vous à ce que tout se passe pour le mieux ? Les études ont démontré une foule d'avantages au fait de nourrir de l'optimisme face à la vie. Parmi ceux-ci :

- une meilleure santé
- une meilleure estime de soi
- un plus grand sentiment de valeur personnelle
- de meilleurs résultats scolaires
- une humeur plus positive

- de meilleures relations interpersonnelles
- une plus grande facilité à attirer et à mobiliser les gens
- de meilleures relations amoureuses

Pourquoi vous en priver? Remarquez que si je parle plus d'espoir que d'optimisme dans ce chapitre, c'est que l'optimisme réfère davantage à une orientation générale envers la vie tandis que l'espoir, vous pouvez le ressentir tous les jours.

Remarquez également que, pour vous apporter tous ces bienfaits, l'espoir doit également être réaliste. Je suis désolé de vous décevoir, mais ça n'améliore pas vos chances de survie si vous croyez que vous ne vous ferez pas mal en sautant du cinquième étage, ou que vous ne contracterez aucune maladie si vous fumez pendant trente ans.

Comment pouvez-vous ressentir plus souvent d'espoir au quotidien? Je vais maintenant vous présenter plusieurs moyens mais, avant de ce faire, j'aimerais insister sur un aspect: l'espoir se vit mieux en groupe, et si vous êtes entouré de prophètes de l'apocalypse qui crient au désastre et qui ajoutent que ce sera pire demain, ce ne sera pas du gâteau.

Ne vous laissez pas emporter quand les choses tournent mal

Vous l'avez déjà vécu à de nombreuses reprises: quand les mauvaises nouvelles arrivent, on leur porte une plus grande importance qu'elles le méritent réellement. Cela est dû à ce que les psychologues appellent l'effet de récence.

L'effet de récence ?

Oui. Nous accordons plus d'importance aux événements récents qu'aux événements qui se sont produits il y a six mois. Par exemple, imaginez que votre compagne et vous ayez vécu une histoire d'amour enflammée depuis trois mois mais que, ce matin, elle ait par inadvertance prononcé quelques mots qui vous ont blessé.

Quelle est l'importance d'un seul incident par rapport à trois mois idylliques ? Mais si vous êtes comme la plupart des gens, votre perception de votre compagne vient de chuter, et il vous faudra quelques bons événements pour ramener le tout à la normale.

Que devez-vous donc faire quand les choses ne se passent pas comme vous le souhaiteriez? Vous pouvez décider, consciemment, de les mettre en perspective en vous faisant le genre de réflexions suivantes:

- Prenons les choses un jour à la fois.
- Nous avons été capables de faire face à ce type de situation par le passé.
- Faisons une pause et tentons de comprendre ce qui se passe.
- Tentons de voir le bon côté des choses.

Ce type de commentaires que vous faites à vous-même ou à d'autres vous ramènent sur terre et empêchent vos émotions de surchauffer. Du coup, ils vous évitent les pensées noires qui, autrement, vous amèneraient à crier à la catastrophe universelle.

Imaginez une balançoire où deux concepts se balanceraient: l'espoir et le défaitisme. Chaque fois que l'un prend de l'importance, l'autre en perd. En maîtrisant votre tendance à crier à la catastrophe, vous vous approchez de l'espoir parce que, soudainement, vous voyez un rayon de soleil poindre à travers ces épais nuages noirs.

Demandez-vous comment changer la situation

Il n'y a rien comme le fait de trouver une solution potentielle quand les problèmes frappent. Le simple geste de commencer à trouver une solution vous remet en contrôle de la situation tandis que la panique vous condamne au siège passager. Voici donc le genre de remarques à formuler dans ces moments:

- Que pouvons-nous faire maintenant?
- Tentons de comprendre ce qui s'est passé...
- Trouvons quelqu'un qui y verra clair.
- Quelles sont les options qui s'offrent à nous?

En reprenant le contrôle, vous cessez de vous sentir impuissant et vous reprenez espoir en votre capacité de tirer le meilleur de la situation. L'être humain se condamne à la déprime et au laisser-aller s'il abdique sa capacité à contrôler sa destinée. Refusez d'abdiquer et sentez l'espoir grandir en vous!

Donnez-vous des objectifs

Cet élément est tellement important que nous y consacrerons le chapitre 5. Les objectifs vous permettent de peindre mentalement le portrait d'un futur meilleur auquel vous aspirez. C'est l'antidote à la passivité. Cela vient donner un sens à vos journées.

Visualisez

Une fois que vous avez des objectifs bien formulés, imaginez-en les bénéfices. Comment vous sentirez-vous une fois qu'ils auront été atteints? Qu'est-ce que vous en retirerez? Prenez le temps de fermer les yeux et d'imaginer ce qui se passera quand ils auront été atteints. C'est bon, n'est-ce pas? Mieux encore, imaginez-vous posant les gestes qui vous mèneront au succès. Une étude a démontré que, pour des étudiants, s'imaginer étudiant puis passant l'examen avec succès avait plus d'impact que le simple fait de s'imaginer recevant une note de 100 % sur son bulletin.

Pourquoi? Parce que l'émotion *espoir* ne doit pas être confondue avec la pensée positive. La pensée positive est unidimensionnelle: vous imaginez qu'une chose se réalisera et vous attendez que ça arrive. Je vous souhaite bonne chance dans la réalisation de vos rêves si vous vous bornez à cette dimension seulement.

L'espoir, lui, est bidimensionnel. Vous imaginez certes qu'une chose arrive (c'est le *vouloir*) mais, pour vous assurer qu'il en soit ainsi, vous êtes prêt à y mettre les efforts nécessaires (c'est le *pouvoir*). On ne peut concevoir l'espoir sans la volonté de se lancer dans l'action, de faire arriver les choses. Sinon la visualisation n'est que du rêve éveillé.

Rappelez-vous vos succès passés

Il peut être utile, quand vous doutez de vous, de vous rappeler vos succès passés parce que le raisonnement est alors simple: si vous avez su, par le passé, relever d'importants défis, il n'y a pas de raison que vous n'en soyez pas capable aujourd'hui.

Au besoin, si la mémoire vous fait défaut en cas d'adversité, dressez une liste des accomplissements dont vous êtes le plus fier et référez-y quand vous traversez une période difficile. Le passé est garant de l'avenir. Si vous avez su faire face dans le passé, vous en serez capable aujourd'hui.

Bâtissez des liens solides avec ceux qui vous entourent

Il n'y a rien de mieux, quand on songe à bâtir un futur souhaitable, que de savoir qu'on peut compter sur des gens de valeur autour de soi. Nul n'est une île. C'est bon de savoir que nous pouvons compter sur les habiletés, les compétences, le savoir et les contacts de gens qui nous apprécient. C'est la raison pour laquelle le fait de nous construire un puissant réseau de contacts a un impact direct sur notre capacité à envisager positivement l'avenir.

Chérissez donc les gens que vous appréciez. Maintenez le contact. Soyez disponible quand ils ont besoin de vous et n'hésitez pas à demander leur aide quand vous avez besoin d'eux. Les succès se réalisent plus facilement à plusieurs. Multipliez donc les contacts avec les gens auprès desquels vous ressentez de l'espoir et venez à bout des propos défaitistes que votre esprit nourrit peut-être à l'occasion.

Ressentir plus de fierté

La vraie fierté mène directement au hall d'entrée
de la noble demeure de la princesse Liberté.

Daniel Desbiens

Dès que je l'ai vu apparaître, j'ai su tout d' suit' que c'était lui.
Lui qui allait m'apprendre à être... ce que, modestement, je suis.

Serge Lama

Alors que l'espoir est une émotion qui vous amène à vous concentrer sur l'avenir, lointain ou immédiat, la fierté vous amène à vous focaliser plus sur le passé ou le présent. Dans les deux cas, nonobstant la différence d'horizon temporel, ces deux émotions vous énergisent et vous permettent de vous sentir plus vivant. Elles font en sorte que votre vie vaut davantage la peine d'être vécue.

Doit-on avoir honte de ressentir de la fierté ou, telle une fleur héliotrope, devrait-on profiter de tous les moments où on peut la ressentir? Absolument! La fierté est une émotion basée sur une évaluation objective des événements où elle prend sa source. La personne qui la ressent ne se situe pas au-dessus des autres. Elle se sent simplement au-dessus d'elle-même. Elle vient de réaliser qu'elle est mieux aujourd'hui qu'elle était hier.

Il en va tout autrement de la vanité dont nous ne ferons pas l'apologie ici. Le vaniteux ne tire aucun plaisir de ses propres exploits. Il se contente de se sentir bien en se comparant à d'autres qu'il sous-estime. La vanité n'est pas une émotion positive. Alors que la vanité vous amène à vous asseoir sur vos lauriers, la fierté vous pousse à vous dépasser encore et encore.

La fierté embellit votre vie et elle vous rend meilleur parce qu'un être fier n'est pas repu de ses propres exploits. Il est au contraire aux abois. Il se demande où il se rendra la prochaine fois. Il cherche déjà à aller plus loin que ce qu'il a accompli antérieurement. Il souhaite devenir meilleur encore.

Les impacts sur l'estime personnelle

Ces moments où vous vous sentez fier viennent faire grandir votre estime personnelle. Or, les recherches tendent à démontrer que les gens fiers d'eux vivent moins d'épisodes d'insomnie, sont moins timides, moins seuls et moins conformistes. On peut donc en déduire qu'ils font avancer des choses.

Les suggestions suivantes vous aideront à vous sentir fier plus souvent. N'ayez pas peur de vous lancer. C'est loin d'être un défaut que de se sentir bien avec soi-même.

Rappelez-vous vos bons coups

Que d'accomplissements vous avez réalisés tout au long de votre existence ! Vous arrêtez-vous de temps à autre pour le réaliser? Prenez une feuille ou ouvrez un fichier informatique et dressez la liste de vos 50 plus grands accomplissements. Je sais: le chiffre 50 vous effraie peut-être mais n'ayez crainte. Vous avez bien plus de réalisations à votre actif que vous ne le pensez. Gardez cette liste à portée de main. Vous pourrez la relire les jours où vous douterez de votre valeur.

Soyez conscient de ce que vous faites parfaitement

On peut diviser en deux groupes les tâches que vous devez exécuter chaque jour: celles que vous maîtrisez et celles qui vous posent plus de difficultés. Ces dernières exigent évidemment plus d'efforts et plus de concentration de votre part. En conséquence, vous vous en rappelez plus facilement en fin de journée, tandis que vous exécutez souvent celles que vous maîtrisez sans même y penser, de façon machinale et automatique. Au point que vous ne vous rappelez pas, en fin de journée, les avoir faites.

Soyez conscient de ce que vous faites avec brio et tirez-en une juste fierté. Ce n'est pas parce que vous maîtrisez parfaitement une tâche qu'elle a moins de valeur. Au contraire, elle est aussi nécessaire que le reste. Tirez donc une légitime fierté de l'utilisation de vos compétences, de vos talents et de vos habiletés.

Repensez à ceux qui vous aiment

Ces personnes sont-elles idiotes à ce point si elles vous apprécient autant ou si elles sont amoureuses de vous? Je suis sûr que non. Le simple fait de repenser à elles et de vous rappeler qu'elles vous aiment devrait vous amener à bomber le torse.

Pour ma part, quand je repense à la femme de ma vie, je ne peux m'empêcher de ressentir une grande fierté à l'idée qu'elle m'ait choisi. Elle avait le choix. Elle aurait pu prendre qui elle voulait. Et elle m'a choisi. Imaginez ce que je ressens quand je m'arrête à cela... Cette seule pensée, en plus de faire grandir ma fierté, contribue également à faire grandir ma gratitude.

Retrouvez le sens de ce que vous faites

Nous l'avons vu précédemment: selon vos filtres en place, un emploi peut être un job, une carrière ou une vocation. En passant du côté de la vocation, vous ne pouvez faire autrement que de vous sentir fier chaque fois que vous travaillez. Pensez par exemple à un préposé à l'entretien dans un hôpital à qui on demanderait ce qu'il fait dans la vie. Selon le cas, ses réponses pourraient être:

- Job: Je nettoie les planchers
- Carrière: Je me bâtis un fond de retraite. Plus que 20 ans et je serai pensionné.
- Vocation: En poursuivant ma chasse aux microbes, je contribue à sauver des vies.

Laquelle de ces réponses aura le plus grand impact sur son sentiment de fierté? En passant à un niveau supérieur d'interprétation, vous donnez un sens à vos gestes quotidiens et cela vous permet de ressentir plus de fierté chaque jour. Découvrez le sens réel de ce que vous accomplissez chaque jour.

Apprenez à vous pardonner

Je dis souvent en conférence que l'être humain n'a qu'un moyen de devenir mature. Il le fait par essais et erreurs. Tout au long de votre vie, vous faites des choses. Certaines sont couronnées de succès. Vous en tirez une leçon et vous vous dites que vous les répéterez. Certaines sont des échecs. Vous en tirez une leçon et vous vous dites que vous ne les répéterez pas. C'est ainsi qu'on devient sage. Celui qui ne s'est jamais trompé ne peut pas prétendre à la sagesse.

Il arrive cependant que vous ne tiriez pas de leçon et que vous restiez accroché au passé à cause d'un événement malheureux. À ce moment, cet événement vient agir comme un filtre et nuire à votre capacité d'être fier au quotidien. Il vous faut alors faire la paix avec votre passé. Comment y arriver? Découvrons ensemble quelques stratégies.

Premièrement, rappelez-vous votre intention au moment où vous avez commis un impair. Aviez-vous des intentions malveillantes? Votre erreur est-elle davantage le fruit d'une maladresse? Ne traînez pas de culpabilité pour un événement dont vous ne pouviez pas prévoir les conséquences.

Deuxièmement, apprenez à rire de vous-même. L'être humain est imparfait et il est normal de faire des erreurs. Apprenez à dire que vous vous êtes trompé et que vous réfléchirez plus la prochaine fois. L'erreur est humaine et vous êtes un humain. Ne vous imposez pas des standards qui ne vous reviennent pas.

Troisièmement, excusez-vous. Si vous avez heurté quelqu'un, ayez l'humilité nécessaire pour demander pardon. Vous verrez: vous vous sentirez bien mieux par la suite et vous pourrez reconstruire une relation qui, autrement, se serait enlisée dans le ressentiment.

Faites la paix avec votre passé. Vous serez ainsi plus en mesure de profiter de ce que la vie vous offre chaque jour.

Rendez service

Finalement, ne vous gênez pas pour rendre service. Au quotidien. Des études ont démontré que le fait de poser un geste altruiste renforce votre système immunitaire et améliore vos performances dans la vie. C'est normal. Les quelques exemples suivants en témoignent.

- «Je sais que c'est un peu niaiseux. J'ouvre la porte d'une pure inconnue ou je laisse passer un automobiliste. Ceux-ci, armés de larges sourires, vont me remercier verbalement ou me saluer de la main. Ça me fait sentir bien. Je réalise que je sers à quelque chose et je me sens fier de m'être donné la peine de poser ces quelques gestes. Les gens pensent que je leur rends service. J'ai l'impression que c'est à moi que je le fais.»
- «Hier, je suis restée plus tard au bureau pour parler avec Suzy. Il m'avait semblé évident, toute la journée, que ça n'allait pas fort pour elle. Je l'ai écoutée pendant plus d'une heure. Elle semblait tellement mieux quand je suis finalement partie. Elle m'a remerciée et j'ai senti que je venais de faire une différence dans sa vie. J'étais fière. Je flottais sur un nuage.»

Misez sur la fierté. Vous n'en sortirez jamais perdant si celle-ci est basée sur l'apport positif que vous avez dans la vie des autres. Ce sont ces gestes au quotidien, bien plus que vos réalisations, dont les gens se souviendront une fois que vous ne serez plus là et, pendant ce temps, vous aurez à juste titre ressenti des émotions positives chaque jour. Vous aurez vécu!

Ressentir plus d'amusement

Apprenez à rire de vos problèmes.
Tous ceux qui vous entourent le font déjà !

Source inconnue

Vous allez vous rappeler les fois où vous avez ri et vous pleurerez.
Vous allez vous remémorer les fois où vous avez pleuré et vous rirez.
Vous vous rappellerez toujours vos amis véritables, et vous conserverez toujours des souvenirs d'eux dans votre cœur.

Source inconnue

Combien de fois riez-vous chaque jour? Rappelez-vous combien de fois vous le faisiez étant jeune. Que s'est-il passé depuis? On vous a dit de ne pas rire à la table, que c'était impoli. On vous a dit de ne pas rire en classe, que c'était interdit. On vous a dit de ne pas rire quand il y a des nuages à l'horizon, que c'était irresponsable.

Mais pourquoi se priver de cette belle émotion? Elle vous énergise. Elle vous permet de vous sentir bien. Elle vous aide également à faire face aux aspects plus difficiles de la vie. Elle vous fait perdre la notion du temps. Elle vous rend plus sympathique aux yeux des autres.

Plus sympathique aux yeux des autres?

Absolument. Avez-vous déjà provoqué le rire d'une personne que vous appréciez ou dont vous êtes amoureux? La qualité de votre relation s'en trouve bonifiée. Vous l'appréciez encore plus, et son rire élève votre mieux-être de un ou deux niveaux. L'amusement, nous le verrons plus loin, se déguste mieux à plusieurs.

Comment pouvez-vous faire en sorte de ressentir plus d'amusement chaque jour ? Les quelques trucs qui suivent vous y aideront.

Rappelez-vous que l'humour, c'est sérieux

Ce n'est pas parce que nous rions et que nous découvrons ce qu'il y a de drôle dans une situation que nous ne sommes pas professionnels et que nous ne pouvons pas faire notre travail. Il y a une grande différence entre l'humour et la bouffonnerie. L'humour ne sert pas à épater la galerie. L'humour comporte deux éléments : la capacité de percevoir le côté positif des événements ou les incongruités de la vie, et la capacité de faire sourire ou rire les autres en partageant ces perceptions.

Ne craignez donc pas de partager ce talent si vous avez la chance de le posséder. Cela vous rapprochera des autres et désamorcera souvent ce qui aurait pu autrement devenir une crise.

Qu'est-ce qui vous amuse ?

Qu'est-ce qui vous fait rire ? Qu'est-ce qui vous permet de prendre la vie plus à la légère ? Repensez au dernier mois et trouvez une dizaine de sources d'amusement. Il y a peut-être des gens dans votre environnement qui vous font sourire ou rire. C'est peut-être un auteur qui vous permet de vous évader ludiquement au fil de ses romans. Que dire des films de ce célèbre comique, que vous louez à l'occasion ?

Trouvez ce qui vous fait rire et programmez-le dans vos journées. Prenez une pause avec cette personne. Lisez ce roman pendant le lunch au travail. Partagez ce film avec votre bien-aimé ce soir. N'attendez pas que l'amusement s'impose à vous. Vous pouvez, en maximisant votre exposition à ce qui vous amuse, multiplier ces instants chaque jour.

Développez vos amitiés

L'amusement se déguste plus facilement en groupe qu'en solitaire. Plus vous vous sentez uni à ceux qui vous entourent, plus vous leur faites confiance et plus vous êtes enclin à vous laisser aller sans ambages pour partager vos fantastiques réflexions. Et il en va de même pour eux: ils vous privent peut-être actuellement d'un fantastique réservoir d'humour parce qu'ils ne se sentent pas assez en confiance près de vous.

Les huit dimensions de l'amitié

Selon Martin Bolt, auteur du livre *Pursuing Human Strengths*, l'amitié présente huit dimensions:

- la franchise et la spontanéité (l'amusement naît souvent de la spontanéité)
- la compréhension et l'empathie
- l'attachement
- une exclusivité (la relation amicale est plusieurs marques au-dessus des autres)
- le support mutuel
- l'ouverture à l'idée d'être aidé par l'autre
- des activités communes
- la confiance et la loyauté

Certains pensent que les amitiés naissent spontanément ou se développent avec le temps, sans qu'on ait à y investir des efforts. Ils attribuent le fait qu'une personne ait plus d'amis à la simple chance. Il n'en est rien. Mettez en pratique les conseils qui suivent et vous serez plus à même de développer des amitiés signifiantes.

Premièrement, *ne laissez pas vos amitiés à la chance.* Il est tellement facile de se laisser entraîner dans le chaos quotidien et de réaliser, cinq ou six mois plus tard, qu'on n'a pas vu tel ami depuis tant de temps. Vous devriez faire de la place dans votre horaire pour vos amis, car si vous attendez que votre carrière ralentisse pour vous y mettre, ce moment pourrait très bien ne jamais arriver. Une vie réussie est basée sur un juste équilibre entre le temps que vous investissez dans votre travail, votre carrière, votre vie amoureuse, vos amitiés, votre santé, votre bien-être personnel et votre implication communautaire.

Deuxièmement, *apprenez à écouter*. Comme nous l'avons vu dans l'encadré précédent, l'amitié présente la compréhension, l'empathie, la confiance et la loyauté. Ces éléments ne peuvent exister si vous n'êtes pas ouvert à l'autre. Démontrez votre intérêt (une autre émotion positive, tiens). Mettez-vous à la place de l'autre. Posez quelques questions si vous ne comprenez pas bien. Soyez présent. L'amitié ne supporte pas la superficialité. Apprenez à connaître l'autre.

Troisièmement, *révélez-vous*. Ne maintenez pas avec vos amis cette barrière ou cette façade que vous réservez aux inconnus. Soyez vous-même. Ne jouez pas de rôle. Les gens ne se révèleront pas à vous si vous ne le faites pas également. Cet aspect de l'amitié exige une saine réciprocité.

Quatrièmement, *communiquez ce que vous ressentez envers l'autre*. Vous vous en faites pour lui ? Dites-le-lui. Vous êtes heureux qu'il vous communique une bonne nouvelle ? Ne soyez pas pingre. Multipliez les « Bravo ! » ou les « Je savais que tu y arriverais ! » Vous l'appréciez ? Ne soyez pas gêné de lui dire que vous l'aimez. Il vit un moment difficile ? Appelez-le et demandez-lui s'il souhaite en parler.

Cinquièmement, *soyez loyal*. Apprenez à protéger les secrets qui vous sont partagés parce que l'autre vous fait confiance. Soyez là pour aider quand un ami vit des moments plus difficiles. Soyez là pour fêter dans les bons moments. Soyez redevable et défendez l'autre si on parle dans son dos ou s'il est faussement accusé.

Ensuite, amusez-vous. Utilisez l'humour pour faire valoir l'incongruité des événements qui vous entourent sans crainte du regard d'autrui. Vous n'avez pas à les craindre. Ce sont des amis, après tout.

Ressentir plus d'élévation

Celui qui ne peut plus s'arrêter pour s'émerveiller et s'en sentir inspiré n'est pas mieux que mort. Ses yeux sont fermés.

Albert Einstein (traduction libre)

La chose importante n'est pas d'arrêter de questionner. La curiosité a une raison d'être. On ne peut pas s'empêcher de se sentir élevé quand on contemple les mystères de l'éternité, de la vie, de la merveilleuse structure de la réalité. C'est assez de tenter de comprendre un peu de ce mystère chaque jour. Ne perdez jamais cette sainte curiosité.

Albert Einstein (traduction libre)

C'est très intéressant de débuter cette section avec deux citations d'Albert Einstein. Ce physicien récipiendaire du prix Nobel de physique en 1921 savait s'émerveiller du monde dans lequel il évoluait, et on peut penser que cette capacité à se sentir connecté à ce monde l'a aidé, en grande partie, à mieux le comprendre.

Les épisodes où nous ressentons cette belle émotion nous connectent directement à notre humanité et lèvent le voile sur ce qu'il y a de plus beau dans le monde et dans l'humain. Vous arrive-t-il de vous sentir ainsi transporté et d'avoir les larmes aux yeux devant tant de beauté, tant de bonté? Ces événements qui vous font réaliser que votre vie est bien plus importante que votre simple existence et que vous êtes connecté à tout ce qui vous entoure?

- «Quand j'ai vu ce film (*Hôtel Rwanda*) basé sur un fait réel, je n'en suis pas revenu. Voilà un homme qui avait toutes les raisons du monde de rester dans son clan et d'éviter la mort. Et voilà qu'il mettait sa vie en jeu pour sauver les siens et de purs inconnus. Ça m'a fait tellement de bien de me connecter ainsi au concept de don de soi. J'ai mis le film sur pause pour retrouver mes esprits. J'étais dans un autre monde.»
- «C'était ma première rencontre téléphonique avec Martin Seligman. Je venais de m'inscrire à son fameux *Authentic Happiness Coaching Program*. Je me souviens d'une des premières phrases qu'il a dites: «Votre mission, au sortir de cette formation, sera de faire grandir le tonnage de bonheur dans le monde.» J'avais trouvé ma mission de conférencier. J'avais une raison d'être dans l'Univers.
- «Nous étions depuis deux semaines dans notre nouvelle maison. Nous avions eu le temps de déposer quelques pommes dans la cour, d'installer quelques mangeoires et de suspendre un hamac entre deux arbres. Nous venions de faire l'amour et, au lieu de déjeuner, nous avions décidé de simplement nous coller dans le hamac. Nous étions là sans bruit quand une famille de cerfs s'est pointée au fond du terrain. Sans bruit, comme s'ils flottaient, ils ont commencé à manger les pommes et, à ce moment, j'ai réalisé à quel point le monde est beau. Je me suis senti en contact avec l'Univers et je me suis dit qu'il était merveilleusement bien fait.»

Comment pouvez-vous vivre davantage de cette belle émotion chaque jour? Les quelques trucs qui suivent devraient vous y aider.

Faites un retour sur votre passé

Qu'est-ce qui a provoqué ce merveilleux état d'esprit en vous par le passé? Où étiez-vous? Que faisiez-vous? Avec qui étiez-vous? Je ne parle pas ici des moments où vous vous êtes retrouvé en état de transe contemplative (tant mieux si cela vous est arrivé), mais ceux où vous vous êtes senti exalté.

Pouvez-vous recréer ces conditions gagnantes et maximiser les chances de revivre de tels événements? Par exemple, dans le troisième exemple ci-dessus, il est raisonnable de penser qu'une autre visite dans le même hamac après avoir fait l'amour aura le même impact chez cette personne.

Ces conditions, ce sont vos propres leviers d'élévation. Ils n'auront probablement pas le même impact chez d'autres mais ils fonctionnent pour vous. Profitez de cette connaissance que vous avez de vous-même.

Entrez en contact avec des événements inspirants

Il y a des films qui vous mettent en contact avec ce qu'il y a de mieux chez les êtres humains. Il y a des livres ou des conférenciers qui font de même. Quand vous participez à ces événements, vos chances de vivre de l'inspiration et de vous dire que, vous aussi, vous pouvez passer à un niveau supérieur sont grandement améliorées.

L'élévation de l'âme et le cinéma

Par exemple, dans *Talents et performance au travail: plus que du cinéma!*[9], nous présentons pour chacun des talents universellement accepté chez l'être humain des scènes célèbres du septième art. Voici quelques exemples.

La créativité: *La vie est belle*
L'espoir: *Shawshank Redemption*
L'humour: *Le dîner de cons*
Le devoir de citoyenneté: *Coach Carter*
La bravoure: *Hôtel Rwanda*
L'appréciation du beau: *Beauté américaine*

Vous aimeriez revisiter le septième art en fonction des qualités humaines? Consultez *Positive Psychology at the Movies*, un ouvrage dont vous retrouverez les coordonnées à la fin de votre lecture.

Pour ma part, certaines comédies musicales ont cet impact sur moi. Par exemple, chaque fois que je vois *L'Homme de la Mancha*, je ne peux m'empêcher de réaliser que c'est plus important de voir ce qui pourrait être que de s'attarder à ce qui est. C'est une œuvre qui me permet chaque fois de m'élever. Mon amoureuse est, quant à elle, soulevée par la lecture de *Lettres à un jeune poète*, de Rainer Maria Rilke.

Trouvez ce qui vous élève et, si vous n'en trouvez pas, faites-en un des thèmes que vous développerez au chapitre 4, celui qui s'intitule *Explorez!* Il se peut en effet que vous vous soyez contenté jusqu'ici d'un univers fonctionnel peu inspirant. Il est temps de faire sauter les frontières!

9. C'est le titre d'une formation offerte par la Société-Conseil Alain Samson. Pour information: www.alainsamson.net.

Ressentir plus d'amour

__L__ is for the way you Look at me
__O__ is for the Only one I see
__V__ is Very very extraordinary
__E__ is Even more than anyone that you adore.

Nat King Cole

Je t'aime
Toi qui ne seras jamais
Une grande personne
Ne me quitte jamais
Je t'aime.

Chanté par Serge Reggiani

De tous les sentiments humains, en existe-t-il un qui ait été chanté ou louangé plus souvent que l'Amour? Non. Et c'est normal, puisque cette seule émotion peut vous faire ressentir toutes les émotions dont vous avez tenté de multiplier les occurrences tout au long de ce chapitre. S'il est une émotion qui vous fait sentir la vie qui bat en vous, c'est bien celle-là.

Remarquez cependant que ce ne sont pas toutes les relations amoureuses qui peuvent procurer toutes ces émotions positives. En effet, elles ne se valent pas toutes. Pour mieux comprendre comment faire grandir ou maintenir une relation amoureuse qui vous donnera l'impression de vivre au maximum chaque jour, il faut savoir distinguer ces relations.

Heureusement, des gens tels que Robert Sternberg ou John Gottman ont étudié les couples dont l'histoire amoureuse perdurait et était gratifiante. Sternberg soutient d'ailleurs qu'il y a trois dimensions à l'amour véritable.

- Il y a d'abord la *passion*. C'est le facteur qui vous pousse à aller de l'avant, à vous sentir romantique et à rechercher les plaisirs sexuels. C'est ce que vous vivez quand la simple vue de votre être cher vous excite, quand son absence crée un vide en vous et quand vous nourrissez des fantasmes en son absence. La passion vous amène à le désirer davantage et à considérer comme étant magiques les moments passés en sa compagnie.
- Arrive ensuite l'*intimité*. C'est la dimension qui fait que vous accordez votre confiance à l'autre, que vous vous racontez à lui et que vous vous sentez près d'elle. Vous vivez cette dimension si vous partagez vos pensées profondes et vos soucis en sachant que vous pouvez compter l'un sur l'autre en cas de difficulté.
- L'*engagement* constitue la troisième dimension. C'est la dimension qui vous amène à vous investir à long terme face à l'être aimé. C'est ce qui fait que vous continuez à l'aimer même quand vos relations deviennent plus tendues. C'est ce qui rend votre amour résilient.

Ces trois dimensions sont nécessaires pour qu'une relation amoureuse fasse naître en vous les autres émotions positives. Remarquez que des gens peuvent très bien rester en couple sans entretenir ces trois dimensions. Il y en a qui ne maintiennent une relation que parce qu'ils y sont engagés. C'est le cas du partenaire qui attend que les enfants soient grands avant de quitter. Il y en a qui vivront l'intimité et la passion sans s'engager. Ces amours seront comme des feux de paille. Il y en a qui connaîtront l'intimité et l'engagement sans ressentir de passion. Ce sont les amoureux contractuels, ceux qui vivent une relation parce qu'il faut bien être avec quelqu'un.

Qu'en est-il de vous ? Les trois dimensions sont-elles présentes dans votre histoire d'amour actuelle ? Qu'est-ce qui lui manque ?

Voici quelques conseils pour tirer le maximum de votre relation actuelle.

Ce n'est pas toujours possible

C'est ce que j'ai réalisé il y a quelques années alors que ma relation de plus de 25 ans n'allait nulle part. Si tel est votre cas, libre à vous d'endurer une union malheureuse ou de chercher ailleurs. Vous pensez peut-être que cela n'a pas d'allure et que vous ferez de la peine à l'être cher. Mais qui vous dit que vous ne lui rendrez pas service en lui permettant de trouver quelqu'un auprès de qui il pourra se sentir vivant. Combien y a-t-il de gens qui, de peur de faire mal à l'autre, le maintiennent dans une relation stérile? Ne vaudrait-il pas mieux le libérer?

Les trois dimensions font maintenant partie de ma nouvelle relation et laissez-moi vous dire que cela ajoute à la vie une saveur, une texture que je souhaite à tous. Merci à ma muse pour tout ce qu'elle m'apporte.

Améliorez la dimension passion

Savez-vous que la passion s'entretient et peut être ranimée? Si on ne l'entretient pas, on risque de la perdre. Si on l'entretient, elle ne s'émousse pas et peut durer pendant des décennies. Mais à quoi reconnaît-on les gens qui entretiennent la passion? La réponse est simple:

- Ils se touchent.
- Ils se caressent.
- Ils s'embrassent.
- Ils font l'amour.
- Ils s'envoient des messages amoureux ou langoureux.
- Ils s'envoient des fleurs.
- Ils baisent.

- Ils se regardent langoureusement.
- Ils se trouvent beaux.

Si vous souhaitez entretenir la passion, ce qui précède devrait vous donner quelques bonnes indications. Mais il y a plus: apprenez à admirer l'autre. Trouvez une bonne raison chaque jour de le féliciter. Soyez fier de lui. Ceux qui ont lu l'ouvrage que j'ai écrit *Sois positif ou bedon reste chez vous* savent qu'il faut un minimum de trois émotions positives pour chaque émotion négative pour qu'un milieu de travail soit énergisant. Selon Gottman, le rapport doit être de cinq pour un pour qu'une union amoureuse résiste au temps. Apprenez donc à apprécier l'autre et exprimez-le. Chaque jour. Chaque semaine.

Quant à vous, faites en sorte d'être admiré. Donnez votre maximum dans toutes les sphères de votre vie. Soyez un battant. Méritez son admiration.

Améliorez la dimension intimité

Vous devinerez facilement l'ingrédient qui assure que la dimension intimité ne sera pas négligée dans un couple: le dialogue. Savez-vous ce que votre tendre moitié fera de sa journée quand vous vous quittez le matin? Si ce n'est pas le cas, c'est que vous ne parlez pas. Prenez-vous le temps, en fin de journée, de vous raconter brièvement ce qui s'est passé pendant la journée? J'espère que oui. Vous donnez-vous finalement la peine de communiquer vos attentes à l'être cher? Je sais que c'est tentant de croire en la télépathie et de vous dire que, s'il vous aime, il saura deviner. Mais laissez-moi vous dire que la communication est de loin plus certaine que la télépathie.

Au chapitre de l'intimité, prenez garde aux signaux qui pourraient laisser entendre que celle-ci s'effrite. Apprenez à fermer le téléviseur. Il est certes important pour vous tenir au courant de l'actualité et vous amuser, mais il peut également devenir un paravent derrière lequel vous vous cachez. La location de films vidéo ne peut remplacer la discussion et l'intimité.

Racontez-vous l'un à l'autre. Votre enfance en dira gros sur ce que vous êtes aujourd'hui. Parlez également de vos passions, de ce qui vous fait vibrer. L'ouverture à l'autre vous rend peut-être vulnérable, mais cette vulnérabilité est justement un des matériaux qui viendra sceller votre relation.

Finalement, apprenez à gérer vos désaccords. Ne les balayez pas sous le tapis. Vous n'arriverez jamais à les faire disparaître de cette manière. Parlez-en ouvertement. Communiquez votre point de vue. Vous réaliserez que la compréhension mutuelle renforcera encore plus votre attachement. Vous n'êtes plus une île. Vous êtes un couple.

Améliorez la dimension engagement

Votre partenaire de vie actuelle fait-il partie de vos projets d'avenir? Partagez-vous des activités, des passe-temps, des projets? Y a-t-il des rêves que vous aimeriez réaliser à deux? En parlez-vous régulièrement? Vous faites-vous des plans?

Caressez-vous également ses projets? Êtes-vous prêt à l'aider à les réaliser? Vous voyez-vous ensemble dans 10, 15 ou 20 ans? Où en serez-vous alors, l'un et l'autre?

La dimension «engagement» est bien plus que temporelle. On ne fait pas que s'engager à rester avec l'autre. On s'engage à le soutenir sans tenter de le changer ou de l'asservir. On s'engage à l'aider à devenir tout ce qu'il est destiné à être. On s'engage à être là même quand il y aura désaccord. Non pas parce que c'est ce qui doit se faire, mais bien parce qu'on en a envie.

Passion, intimité, engagement. Voilà la triade sur laquelle il faut miser pour que notre histoire d'amour fasse en sorte que notre vie vaut la peine d'être vécue.

C'est également bon pour votre santé

En plus de vous procurer le sentiment de vivre, l'amour présente également de nombreux bénéfices pour votre santé.

- L'amour réduit les risques de cancer.
- L'amour renforce à la fois votre système immunitaire et votre système cardiovasculaire.
- Une équipe de l'université de Caroline du Nord a également découvert que les caresses peuvent faire diminuer l'hypertension.
- L'amour peut diminuer votre taux de cholestérol.
- Finalement, des relations sexuelles fréquentes améliorent votre sens olfactif, vous gardent plus svelte, réduisent la douleur et vous rendent moins sujet aux grippes ou aux rhumes.

Pourquoi vous priver de la fontaine de Jouvence? Vous savez maintenant où la trouver. Et si vous en doutez toujours, regardez les yeux et les traits d'une personne amoureuse. Comparez ce que vous voyez à ses photos d'il y a un mois ou un an...

Source: http://health.ninemsn.com.au/family/womenshealth/695370/the-health-benefits-of-love.

Une question de choix

Voilà. Vous savez maintenant comment faire pour ressentir chaque jour davantage de ces émotions positives qui vous donnent le sentiment d'être vivant et qui rendent la vie passionnante. Vous pouvez utiliser ce savoir ou passer à l'autre chapitre sans vous lancer dans l'action. Libre à vous. C'est votre vie, après tout.

Avez-vous remarqué l'investissement monétaire que tout ça représente? Dans bien des cas, il est nul. Dans d'autres, il est minime. Vous ne pouvez pas balayer tout ça du revers de la main en vous disant que vous y reviendrez lorsque vous en aurez les moyens. Vous les avez déjà. Mis à part l'acédie, vous êtes libre de vous lancer aujourd'hui (et j'espère que vous l'avez fait tout au long de ce chapitre). N'oubliez pas que votre clepsydre se vide.

Chapitre 3

Savourez!

Aimer, ce n'est pas gagner à tous les coups.
C'est prendre des risques, faire des paris incertains,
connaître la frayeur de perdre sa mise pour mieux
savourer le frisson de la doubler.

Philippe Besson

Il faut apprendre à savourer les choses de la vie,
sinon on court, on court et on meurt.
Et on n'a rien vécu.

Monica Belluci, Interview dans *Psychologies*, octobre 2007

Que pensez-vous de cette citation de Monica Belluci ? Pour ma part, elle m'inspire. J'ai eu tellement de jours où je ne vivais pas, des jours où je tentais de combler mon sentiment de vide avec des projets abrutissants ou des soirées alcoolisées. Je suppose que chacun a droit à ses jours sombres et je pense qu'il ne faut pas en avoir honte. C'est en fait une grande source de fierté (une très belle émotion positive) d'arriver à s'en sortir. J'en ai tiré de belles leçons. La première étant que c'est quand on refuse de voir qu'on pourrait aspirer à mieux qu'on laisse nos sens s'émousser et qu'on devient zombie.

Dans le chapitre précédent, vous avez appris à multiplier les émotions positives que vous ressentez quotidiennement. Mais à quoi bon vivre de telles émotions si on ne prend pas le temps de les savourer ? Ce sera le sujet de ce chapitre. Nous ouvrons maintenant le volet qualitatif de la vie vraiment vécue.

Les gens n'ont pas tous la même capacité de savourer. Devant un magnifique paysage, certains ressentiront de l'élévation tandis que d'autres passeront sans rien ressentir. Pendant un somptueux repas, certains apprécieront chaque bouchée tandis que d'autres mangeront sans rien goûter. Mais à quoi peut bien servir cette capacité de savourer ? Pour répondre à cette question, je vais vous parler des travaux de Fred B. Bryant, un chercheur qui a étudié cette capacité de l'être humain pendant plus de vingt ans.

À quoi sert-il de savourer?

La vie n'est pas un long fleuve tranquille. Si on devait la dépeindre sur un graphique, elle ne serait pas représentée par une ligne droite mais bien par une onde sinusoïdale, avec ses hauts et ses bas.

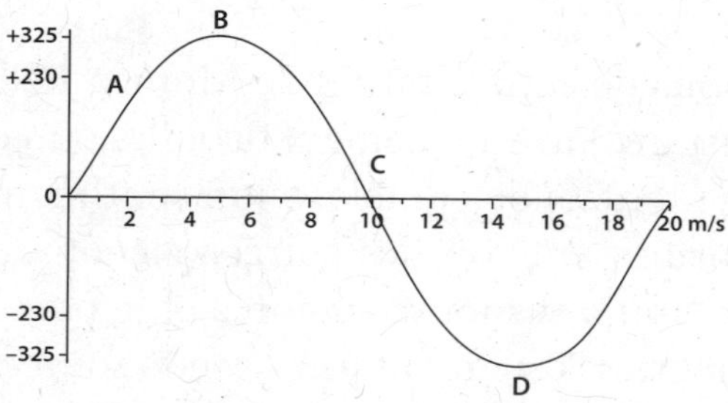

Au fil des générations, nous avons développé des mécanismes internes et externes pour faire face à ces périodes de tempête et ces périodes de beau temps. C'est un des beaux cadeaux de l'évolution. Elle nous a rendus capables de confrontrer toutes les situations.

Notre mécanisme externe pour affronter les tempêtes, c'est l'**évitement**. Si vous savez qu'une rue que vous empruntez à pied soir et matin est contrôlée par des gangs de rue, vous réduirez les risques d'une mauvaise rencontre en changeant d'itinéraire. Est-ce que ça fait de vous un lâche? Pas du tout. Ça fait de vous une personne qui sait gérer le danger. De même, si vous vous rendez dans un pays où les occurrences de paludisme sont fréquentes, vous vous ferez vacciner. Personne ne vous plaindrait si vous ne le faisiez pas et que vous reveniez malade.

Notre mécanisme interne pour affronter les tempêtes, c'est de **faire face**. Confronté à une crise, vous allez retenir votre souffle, mettre les choses en perspective, chercher le réconfort ou l'aide des autres, prendre du temps pour vous afin de faire un deuil, vous demander comment éviter que ces désagréments ne se répètent dans le futur. Comme le veut l'expression, *quand y faut, y faut !* Ces moyens de faire face vous permettent de traverser la tourmente sans y laisser votre équilibre.

Notre mécanisme externe pour profiter du beau temps, c'est sa **recherche**. Toutes les stratégies présentées au chapitre précédent vont dans ce sens. Maximiser les chances de vous retrouver en période de beau temps et les provoquer. L'être humain qui n'utilise pas ces stratégies risque de se retrouver plus souvent en période de tempête qu'en période de beau temps. Imaginez l'impact que cela aura sur son attitude devant la vie.

Finalement, notre mécanisme interne pour profiter du beau temps, c'est la capacité de le **savourer**. Tendre le cou, fermer les yeux, sentir la chaleur du soleil et se dire que c'est bien. Pourquoi ne pas profiter du beau temps s'il faut de toute manière endurer les tempêtes à l'occasion ? Les gens capables de savourer, en fait, bénéficient de nombreux avantages :

- Ils construisent leur fortitude, c'est-à-dire la force morale qui les aidera à affronter les tempêtes qui suivront éventuellement. Ça prend un réservoir d'énergie pour faire face aux bas de la vie. L'habitude de savourer comble ce réservoir d'énergie.
- Ils apprécient davantage la vie.
- Par rapport à leur passé, ils ressentent plus fréquemment que les autres la gratitude, le contentement et la sérénité.
- Par rapport à l'avenir, ils ressentent plus fréquemment des émotions telles que la hâte, l'anticipation positive et l'exaltation.
- Leur attitude envers les autres est telle que les gens les apprécient plus et ont davantage envie de les aider. D'autant plus qu'ils sont capables d'aider les leurs à passer à travers les tempêtes.

Ils sont donc en mesure de traverser la vie en profitant du beau temps et en faisant face aux tempêtes. Ne serait-ce pas là la base de la résilience?

De l'extrême fugacité des instants heureux

L'impression que les moments de beaux temps sont fugaces et anecdotiques vous empêche peut-être de savourer tous les beaux moments de votre vie. C'est bien entendu qu'un sourire, un baiser ou même un orgasme ne dure pas très longtemps. Mais l'expérience liée à un tel événement dépasse sa seule durée.

Rappelez-vous par exemple la journée de Noël quand vous étiez enfant. Pour bon nombre d'enfants de ma génération, cette fête débutait à la fin septembre, lors de la réception des catalogues de Sears ou d'Eaton. Pendant des semaines, nous allions feuilleter encore et encore ces magasins sur papier. Nous allions faire nos listes et attendre en nous demandant ce que nous allions finalement recevoir. Nous allions plus tard, en novembre, voir les décorations, ce qui augmentait notre anticipation. Puis la fête arrivait et, par la suite, les jouets reçus allaient faire encore durer le plaisir de la Fête. Pour nous, le jour de Noël durait bien 4 mois!

Comment se fait-il que cette capacité à savourer avant, pendant et après s'effrite aussi vite une fois arrivé l'âge adulte? L'acédie, bien sûr.

Heureusement qu'il y a encore des adultes qui n'ont pas perdu cette capacité de savourer longuement les instants fugaces. Les deux exemples qui suivent sont éloquents.

- Mélanie : « Laissez-moi vous parler d'un orgasme datant d'il y a deux soirs. Ça dure combien de temps un orgasme ? Quelques instants, répondrez-vous. En matinée, alors que j'étais en pleine réunion, Alex m'a téléphoné pour me raconter tout ce qu'il me ferait le soir venu. Ses descriptions étaient tellement graphiques que tous les participants à la réunion ont dû remarquer que mes joues s'empourpraient (heureusement qu'ils n'ont pas remarqué les autres répercussions physiques de l'appel). Sur l'heure du midi, un courriel m'indiquait qu'il passerait chercher du champagne. Imaginez mon état quand je suis finalement arrivée à la maison ce soir-là. La soirée a été fantastique et, le lendemain matin, en milieu d'avant-midi, il m'a fait livrer une rose pour me remercier pour la veille. J'ai passé la journée sur un nuage. Chaque fois que je regardais ma rose, je repensais à notre soirée. Alors, ça dure combien de temps, un orgasme ? Celui-ci a duré plus de quarante-huit heures. »
- Robert : « Les vacances étaient terminées. Je revenais au travail et, oh bonheur, je devais faire une présentation devant des clients. Il y avait maintenant une semaine que j'attendais ce moment. Je m'imaginais devant les clients. J'anticipais leur réaction et mon plaisir quand ils applaudiraient ou qu'ils me diraient oui. C'est ce qui s'est passé. Le lendemain, mes collègues me félicitaient. J'adore ces instants : le oui d'un client ne prend que quelques instants, mais c'est donc bon de l'attendre et de s'en réjouir. »

Qu'en dites-vous ? Les instants de plaisir n'ont pas à être fugaces. Dans la prochaine section, vous découvrirez les stratégies à votre disposition pour les faire durer.

Dix stratégies pour savourer

Vous développerez rarement des regrets pour les choses que vous avez faites. C'est ce que vous n'avez pas fait qui vous tourmentera. Par conséquent, le message est clair: faites-le! Apprenez à apprécier le moment présent. Saisissez chaque seconde de votre vie et savourez-la. Les moments négligés sont perdus pour toujours.

Wayne Dyer

La capacité de savourer les bons moments peut vous amener à mieux les percevoir, les apprécier et en faire grandir les impacts en vous concentrant davantage sur les moments de beau temps que sur les tempêtes. Fred Bryant a identifié dix stratégies pour profiter encore plus des bons moments de notre vie.

Partager les bons moments

Savez-vous ce que faisaient les clans d'antan la veille d'une bataille qui ferait très certainement des victimes? Ils s'assoyaient autour d'un feu et racontaient ou se faisaient raconter les exploits antérieurs du clan. Les personnages dont on parlait étaient passés à l'histoire et, même si on idéalisait leurs œuvres, les histoires étaient en bonne partie ancrées dans la réalité.

Quels impacts avaient ces cérémonies? Les guerriers se sentaient élevés. Le fait que ces héros dont on chantait les louanges proviennent de leur clan les rendait soudainement plus forts, meilleurs. Et leurs performances sur le champ de bataille s'en trouvaient améliorées. Partager les bons moments passés les rendait meilleurs au présent.

Cela n'est pas surprenant. Quand vous venez de vivre un moment agréable, pouvoir le raconter vous permet de le vivre une autre fois. D'autant plus que ceux qui vous entourent, par leur intérêt, viennent à nouveau vous confirmer votre valeur et peuvent vous faire réaliser d'autres éléments positifs de la situation que vous racontez que vous avez peut-être ignorés.

Cette habitude, si vous la développez, augmente également votre capacité à apprécier les plaisirs plus tard, parce que vous ouvrez alors tous vos sens pour tout capter, en vous disant que vous devrez raconter ce moment.

Retour sur la passion amoureuse

Ce que vous venez de lire nous force à faire un retour sur la relation amoureuse. Il est bon d'avoir un être cher sur qui compter afin de raconter tout ce qui vous est arrivé d'heureux. Et vous savez maintenant pourquoi vous vous devez d'écouter l'être cher quand il vous raconte tout ce qu'il a vécu d'agréable pendant sa journée.

Ensemble, vous pouvez partager et maximiser le plaisir tiré de chaque moment. Alors racontez, partagez et questionnez. Et ne vous en faites pas si cela vous fait manquer une émission de télé. Repensez au ratio 5 pour 1 de Gottman et souriez, hochez la tête et encouragez l'autre à poursuivre.

Rappelez-vous la triade présentée au chapitre précédent : racontez avec *passion*, écoutez avec *intérêt* et servez-vous de l'expérience pour reconfirmer votre *engagement* mutuel.

Que faire pour maximiser l'utilisation de cette stratégie ? Quand un événement heureux survient, rappelez-vous de tout capter pour pouvoir le raconter plus tard. N'hésitez pas à partager ce que vous venez de vivre avec les gens qui vous entourent.

Et n'attendez pas que ce beau moment soit passé pour le dire. Si vous êtes avec quelqu'un et que vous trouvez l'instant particulièrement agréable, dites-le-lui. Dites-le en mots : *C'est agréable d'être ici avec toi,* et si les circonstances s'y prêtent, exprimez-le en geste en étreignant la personne, en lui serrant le bras, *etc.*

L'être humain est grégaire. Nous trouvons que le plaisir goûte encore meilleur s'il est consommé en groupe.

Prendre des photographies mentales

Est-ce que ça vous arrive, quand vous vivez un événement particulièrement agréable, de vous dire qu'il est trop bon pour simplement le laisser passer, que ce serait du gaspillage ? Non seulement cette habitude vous permet-elle de mieux apprécier l'instant en cours, mais elle vous rend plus apte à la partager par la suite ou à simplement vous la remémorer pour la revivre.

Comment prendre ces fameuses photographies ? Lors d'un moment que vous considérez particulièrement agréable, utilisez les deux mains pour créer un cadre qui sera votre appareil-photo et, de l'index, cliquez sur le bouton imaginaire de mise en marche. C'est encore mieux si vous pouvez imaginer qu'il s'agit d'un appareil tellement perfectionné qu'il imprimera également dans votre mémoire ce que vous révèlent votre nez, votre langue, votre peau, vos oreilles, au moment où vous vous en mettez plein la vue. Vous venez de vous créer un souvenir positif.

- «J'aime me rappeler ces vacances. Le bruit de la mer. Le goût de la Corona. L'odeur du poisson qui m'arrivait du resto. C'était bon !»
- «Quand je m'ennuie d'elle, j'aime revoir mentalement cette photo d'elle, la tête sur l'oreiller, les yeux fermés, profitant de l'instant présent. C'est fou comme ça me fait du bien.»
- «Quand je me sens nerveux avant une conférence, j'aime me rappeler ce soir de printemps à Québec où j'ai fait un tabac devant un groupe de 1 350 auditeurs. Ça me redonne confiance en moi et je suis alors prêt à faire face à n'importe quel public.»

Vous vous rappelez comment, alors que vos enfants étaient petits, vous photographiez chacun des événements de leur vie ? C'était pour mieux vous en souvenir et le leur montrer plus tard ? Votre vie à vous n'est pas encore terminée. Ne négligez pas de continuer à vous bâtir un album photographique présentant tous vos moments bénis.

Les félicitations dirigées vers soi

Puisque cette stratégie permet de profiter plus longtemps de l'émotion fierté, j'aimerais, avant de vous la présenter, parler un peu du concept d'humilité.

Si vous avez grandi au Québec à une époque pas si éloignée où l'Église était toute puissante, il se peut qu'on vous ait martelé que l'humilité est une vertu. À ce moment, cependant, être humble impliquait de se sous-estimer et de fuir tout ce qui pouvait mener à l'orgueil. Que de temps perdu pour la nation québécoise ! Redécouvrons, si vous le voulez bien, ce qu'est réellement l'humilité.

L'humilité, c'est une force qui vous amène à vous sentir bien parce que vous savez que vous valez autant que les gens qui vous entourent et que vous pouvez mener à terme les projets qui vous tiennent à cœur. Les gens humbles sont objectifs, c'est-à-dire qu'ils sont en mesure de s'évaluer tels qu'ils sont, avec leurs forces et leurs faiblesses. Ils ne sont pas prêts à se vendre à rabais et ils ne se sentent pas supérieurs aux gens qui les entourent. Ils n'ont pas besoin de se comparer aux autres pour être bien avec eux-mêmes.

Partant de là, on peut s'attendre à ce que les gens humbles soient ouverts aux idées des autres (ils font preuve d'une belle ouverture d'esprit) et qu'ils soient capables d'admettre leurs torts. En contrepartie, cependant, libres à eux de constater ce qu'ils font de bien et d'en retirer une légitime fierté. On ne peut pas être complètement objectif en se concentrant uniquement sur ses torts sans profiter de ses réussites !

Ne soyez donc pas gêné, pour mieux profiter des moments où vous excellez, de vous féliciter personnellement. Cela vous encouragera à continuer sur le chemin du succès et vous permettra de mieux savourer vos bons coups en prolongeant la fierté que vous pouvez en tirer.

- Charles: «Je sais que c'est ma job de vendre mais, chaque fois que je conclus une vente, je ne peux m'empêcher de me sentir fier et de me dire que j'ai été bon. Ça me gonfle à bloc, ce qui fait que j'aborde le client suivant avec une telle énergie que je ferme à nouveau ma vente. C'est un cercle vertueux. Vends. Sois-en fier et tu vendras encore plus. Je n'ose pas imaginer ce qui se passerait si je perdais cette belle habitude.»
- Suzy: «Chaque fois que nous sommes en couple en public, nous réalisons quel impact nous avons sur les gens. Ils nous aiment. Ils nous apprécient. Chaque fois, nous nous regardons et nous disons que nous rendons la vie des gens meilleure. C'est tellement bon !»
- Louis: «Je vois mon fils grandir en beauté et j'en conclus que nous avons pris toutes les bonnes décisions et qu'il a ainsi pu grandir en force. Je suis tellement fier de le voir à l'œuvre et de réaliser qu'il se fait une place dans le monde. Je crois que j'ai été un bon père.»

Permettez-vous de patauger dans la fierté plus longtemps en vous félicitant personnellement pour vos bons coups. Prenez-en l'habitude. Cela vous incitera à être davantage conscient de tout ce que vous faites de bien. Faites-le également avec d'autres quand vous avez toutes les raisons du monde d'être fier de ce que vous faites en équipe. Répétez-vous que vous êtes bon et profitez de toutes vos réalisations !

Les comparaisons avantageuses

Il y a une dizaine d'années, j'ai connu un entrepreneur dont les affaires allaient bien, mais qui se tenait avec un propriétaire d'usine tellement plus riche qu'il était constamment en train de se comparer négativement. Au resto, c'était toujours le manufacturier qui payait. Ce dernier s'achetait tous les derniers gadgets et prenait régulièrement des vacances. Mon entrepreneur a fini par glisser vers la dépression et s'est retrouvé en psychiatrie après une tentative de suicide. Il aurait dû, de temps à autre, se tenir avec des gens qui l'auraient envié… Les comparaisons négatives réduisent notre capacité à apprécier ce que nous avons.

Et c'est le contraire avec les comparaisons avantageuses. C'est pourquoi vos expériences quotidiennes seront encore plus savoureuses si vous les comparez dans le temps et dans l'espace à des moments moins heureux.

- Lors de la réception d'un prix : « Je me rappelle toutes les années où j'avais rêvé d'en arriver là. Ces années n'ont pas été faciles. Mes amis me suggéraient de passer à autre chose. J'ai également douté de temps à autre. Mais je suis tellement content d'avoir tenu le coup. Ce dont je rêvais, je le vis ce soir. »
- Après une nuit d'amour : « Quand je me suis réveillée, il dormait toujours. J'étais collée contre lui. Je n'ai pas bougé. Je me suis contentée de repasser la nuit dans ma tête et de me dire que ça avait été tellement meilleur que ce à quoi je m'attendais. J'étais bien. »
- Pendant un repas entre amis : « J'ai pensé aux actualités de la semaine et à ce tremblement de terre en Haïti. J'ai conclu que

ce qu'on croit immuable peut disparaître à tout moment et que je me devais d'apprécier ce bon moment.»

En plus de vous aider à savourer encore plus ce que vous vivez, les comparaisons avantageuses font naître en vous d'autres émotions positives: la gratitude et la fierté.

La focalisation sur un seul sens

Imaginez-vous couché sur un lit. Votre partenaire vous gratifie de merveilleuses caresses. Vos organes génitaux n'ont jamais été aussi bien manipulés. Qu'allez-vous faire pour savourer encore plus le moment? Je vous propose quelques réponses possibles. Cochez celle(s) qui correspond(ent) à ce que vous feriez.

- Consulter l'heure sur le radioréveil
- Constater que le plafond doit être repeint
- Fermer les yeux et vous concentrer sur toutes les sensations en provenance de vos organes génitaux
- Regarder votre partenaire s'activer et sentir votre désir monter d'un autre cran
- Planifier ce que vous ferez demain de votre journée
- Toutes ces réponses

Et après? J'espère que vous n'avez pas coché «Toutes ces réponses», parce qu'en dispersant votre attention, vous diminueriez votre capacité à savourer ce que vous vivez en ce moment précis. Pourquoi diluer votre plaisir? Vous savourerez davantage en vous abandonnant, en oubliant votre environnement, et en vous consacrant sur ce que vous voyez ou sur ce que vous ressentez.

Quelle meilleure façon d'apprécier une chanson que de fermer les yeux et de se concentrer sur l'audition? Quelle meilleure manière d'apprécier un repas que de fermer les yeux et de se concentrer sur ce que vous communiquent vos papilles gustatives? Pour savourer, il faut souvent savoir choisir sur quel sens nous nous concentrerons afin de mieux ressentir le plaisir.

L'absorption

Vous arrive-t-il de vous retrouver en état de *flow*? Vous savez, ce moment où on perd la notion du temps tellement on est concentré sur la tâche à accomplir. Les athlètes y arrivent souvent. Quand le pistolet de départ marque le début de la course, ils oublient les 60 000 spectateurs. Ils oublient même les autres coureurs. Ils se concentrent sur chacun de leurs mouvements et en viennent même à perdre la notion du temps. La course qui ne dure que dix secondes leur semblera peut-être une heure. Vous vivez le *flow* quand vous réalisez qu'il est déjà 17 h et que la journée de travail est déjà terminée.

Ces journées-là vous laissent en pleine forme. Les efforts investis ne semblent pas vous avoir affaibli. Bien au contraire.

Quel est le secret de l'absorption? Il y en a plusieurs mais, comme nous le verrons dans la prochaine section, la capacité d'oublier les autres et de faire fi de ce qu'ils pensent et du jugement qu'ils pourraient porter sur vous y sont pour beaucoup. À trop se préoccuper des autres, à trop analyser un événement, on finit par en perdre l'essence et en diminuer le plaisir. Être absorbé, c'est cesser de réfléchir pour se contenter de ressentir et de vivre l'instant présent.

C'est comme à Disney World!

Il y a plusieurs manières de vivre un manège (pensez à *Space Mountain*) à Disney World. Vous pouvez vous perdre dans ces minutes en vivant chaque instant ou annihiler tout plaisir en pensant au prochain manège, en vous demandant à quelle heure vous prévoyez retourner à l'hôtel, ou en vous disant que vous avez bien fait de ne pas manger avant. Toutes ces pensées viennent carrément polluer votre capacité à savourer l'instant présent.

Vous arrive-t-il de vous imbiber du moment présent à un point tel que vous en oubliez le temps et le regard des autres? Si oui, bravo. Vous arrivez à vivre l'absorption.

L'expression physique de votre plaisir

Votre esprit et votre corps ne font qu'un. Un lien bidirectionnel les unit. Vous pensez peut-être que vous souriez quand vous êtes de bonne humeur mais, si vous souriez, vous devenez de bonne humeur. Ce que vous exprimez physiquement modifie votre état mental. Vous devenez ce que vous faites. À bien des égards, votre état mental est le reflet des gestes que vous posez. Partant de là, il est facile de penser que votre capacité à savourer un événement sera amplifiée si vous agissez comme tel. Faites comme si. Votre cerveau fera le reste du travail.

Vous êtes-vous déjà rendu à un événement qui ne vous inspirait pas en vous disant que vous supporteriez la soirée en espérant qu'elle se termine le plus vite possible? Et vous avez joué le jeu. Vous avez dansé. Vous avez tapé du pied. Vous avez ri et vous vous êtes laissé entraîner dans ce tourbillon que vous aviez vous-même créé. Le monde est en grande partie ce que vous en faites et, en agissant comme si vous aviez du plaisir, vous créez ce plaisir.

Alors courez, chantez, tapez des pieds. Soupirez bruyamment. Frottez vos bras et votre corps. Chantez en même temps que le film. Dansez l'un contre l'autre en fredonnant au lieu de simplement écouter ce CD que vous connaissez déjà. Réalisez que vous êtes plus qu'un cerveau pensant : vous êtes un être vivant.

- « C'était l'une des plus belles journées de l'été. Nous marchions lentement, côte à côte, au parc Lafontaine quand nous nous sommes rendu compte qu'il y avait des canards dans le lac un peu plus bas. Il m'a demandé si je souhaitais voir les canards et, dès que j'ai répondu oui, nous nous sommes pris par la main et nous avons dévalé la pente en courant et en riant. Ce n'étaient plus les canards qui importaient. Le simple fait de se rendre les voir était devenu une célébration. Je suis arrivée au bord du lac, haletante et encore plus amoureuse. »
- « Je ne prévoyais pas m'amuser de la soirée mais j'ai pensé que, tant qu'à y être, je pouvais au moins tenter le coup. Je me suis donc mis à chanter avec le groupe. Quand les gens ont commencé à danser, j'y suis allé, et vous savez quoi ? Au bout de vingt minutes, j'avais du plaisir comme je n'en avais pas ressenti depuis longtemps. Depuis lors, je plains ceux qui décident à l'avance que ce sera ennuyeux et qui agissent en conséquence. »

Ce moyen de savourer présente cependant un grand défi. Vous devez vous libérer de vos mécanismes d'autocensure. Vous savez, ceux-là même qui vous empêchent de courir ou de chanter parce que vous craignez ce que penseront les autres ? Le plaisir exige souvent de se libérer de ce carcan. Cela les regarde si les autres sont trop coincés pour profiter des bons moments qui passent. Ne vous empêchez pas de vivre, de crainte qu'ils soient jaloux. Contribuez plutôt à leur faire réaliser qu'il est bien de savourer l'instant présent.

Vous avez entendu parler de maladies psychosomatiques? Il s'agit de maladies caractérisées par des symptômes physiques dont les causes sont multiples, mais où des facteurs émotionnels jouent un rôle important. Bref, des maladies causées par la manière dont pense le malade.

Vous pouvez jouer le jeu inverse et vous créer de la santé somatique. Agissez comme si tout allait bien et votre cerveau ne tardera pas à être «infecté». Vous irez mieux et vous apprécierez davantage la vie.

Prendre conscience du facteur temps

Le temps fuit. On le sait. C'est triste qu'on lui donne autant de valeur au moment de mourir alors qu'on le gaspille aisément tout au long de notre vie. Les gens qui savent savourer en ont conscience. Ils savent l'importance de chaque instant et ils se servent de ce savoir pour maximiser leur appréciation de chaque moment qui passe. Voyons quelques exemples.

- «Quand on m'a annoncé que mon cancer était en rémission, j'ai eu l'impression que le temps s'arrêtait. Je me suis dit que le temps à ma disposition avant la fin de ma vie venait de doubler, peut-être tripler. Je ne peux pas vous raconter à quel point je me suis senti comblé. C'était merveilleux.»
- «Elle m'a finalement dit: *Je t'aime.* Ça faisait trois mois que je lui avais avoué mon amour et elle ne répondait jamais. Puis elle a dit: *Moi aussi, je t'aime.* J'ai réalisé que je vivais un moment que je ne revivrais jamais. Je savais que je ne ressentirais jamais un tel mélange de plaisir, de fierté et de soulagement. J'aurais voulu arrêter le temps. À la place, j'ai fermé les yeux et j'ai profité en silence des cinq ou six secondes qui ont suivi.»
- «J'étais un peu mal à l'aise d'être nommée vendeuse de l'année. Je savais que plusieurs de mes collègues souhaitaient cette con-

sécration. Puis je me suis dit que c'était peut-être la seule fois dans ma vie que ça arrivait et que j'avais le droit de profiter de cet instant. Je me suis levée, souriante comme jamais, et je me suis approchée du micro en savourant mon heure de gloire. »

Le fait de prendre conscience du facteur temps améliore le plaisir du moment parce qu'il le bonifie d'une autre émotion positive : la gratitude. Ce que vous vivez aujourd'hui ne reviendra pas nécessairement. Il faut avoir conscience de chaque moment de plénitude. Rappelez-vous à ce sujet la fin du poème *L'horloge* de Baudelaire : « Les minutes, mortel folâtre, sont des gangues qu'il ne faut pas lâcher sans en extraire l'or ! »

Des moments merveilleux, vous en avez chaque jour. Libre à vous de les laisser passer comme on laisserait passer le minerai précieux dans une rivière. Et libre à vous de vous doter d'un tamis pour capter tout ce que l'onde recèle. En réalisant que le temps est une ressource précieuse et qu'il vous revient d'en profiter au maximum, vous savourez davantage chaque instant qui passe.

N'hésitez donc pas à devenir chercheur d'or. Vous baignez dans la chance. Il ne vous reste qu'à vous baisser et à attraper tout ce qui passe à votre portée. Stoppez le temps. Dites-vous à quel point vous êtes chanceux qu'une telle chose vous arrive. Puis relancez-vous dans la vie, le cœur rempli de gratitude.

Consultez l'album de vos souvenirs agréables

Avez-vous entendu parler des victimes de choc post-traumatique ? Ces personnes subissent pendant longtemps encore les affres de ce qu'elles ont vécu antérieurement. Ainsi, le soldat démobilisé n'arrivera pas à dormir parce qu'il revoit chaque nuit la frénésie des combats, et la victime de viol aura de la difficulté à retrouver une vie normale parce qu'elle revit sans arrêt ce qu'elle a ressenti pendant et après le viol.

Le parallèle existe également au chapitre des émotions positives. Appelons-le le choc post-bénéfique. C'est votre capacité à continuer à être influencé dans l'avenir par les bonnes choses qui vous sont arrivées dans le passé. Vous pouvez multiplier votre capacité à apprécier l'instant présent en misant sur ce qui se cache dans votre mémoire. Voyons quelques exemples.

- «Aujourd'hui, je suis vieille. Je ne peux pas dire que les enfants viennent me voir souvent. Mais le simple fait de me rappeler nos rencontres passées m'aident à combler le vide de mes journées. C'est une bénédiction.»
- «Hier, c'était mon examen final et laissez-moi vous dire que j'étais nerveux. Quand j'ai pris mon crayon, j'ai réalisé que mes mains tremblaient. Puis j'ai pensé à une amie qui a toujours cru en moi et ça m'a rassuré. Je me suis dit que si elle avait tellement confiance en moi, c'est que je valais quelque chose. Mes mains ont cessé de trembler. J'ai commencé l'examen et je m'attends, quand je recevrai ma note, à un résultat supérieur à la moyenne!»
- «Quand je suis nerveux avant une conférence, je me rappelle la dernière conférence dont je suis le plus fier. Ça a un impact direct sur mon cœur. Je redresse le torse. Ma voix se dénoue et, alors que je craignais mon entrée en scène, je me mets à avoir hâte d'être en contact avec le public. C'est merveilleux: un simple souvenir peut tellement vous remettre en selle...»

Pourquoi prendre des photographies mentales de ce que vous vivez? Justement pour pouvoir revivre ces moments les jours où les évènements jouissifs ne sont pas au rendez-vous. Non seulement cette stratégie peut-elle vous aider à mieux faire face aux journées difficiles, mais elle vous permet en plus de préserver vos relations interpersonnelles. Comment ça? Imaginez qu'une personne avec qui vous travaillez chaque jour vous promette un rapport pour une journée donnée mais que, la journée venue, le rapport ne se retrouve pas sur votre bureau.

Vous pourriez fulminer, faire une crise et lui dire à quel point elle n'est pas digne de votre confiance. Mais le simple fait de vous rappeler les succès passés de cette personne vous permet de mettre les choses en perspective et vous pousse, au lieu de faire une crise, à tenter de découvrir pourquoi le rapport est toujours absent.

Un avertissement s'impose: ce n'est pas de nostalgie dont il est question ici. Vous ne devez pas revivre les beaux moments passés en vous disant que c'était le bon temps mais que malheureusement, c'est envolé. Non. Ces souvenirs sont là pour vous permettre de les revivre et de ressentir à nouveau les émotions qui y sont attachées.

Entretenez votre album de souvenirs positifs. C'est un rempart réel contre les déceptions que la vie vous offrira inévitablement. Il vous permettra de savourer l'instant présent même dans les moments où vous auriez envie de crier à l'injustice.

Accumuler les mercis

Nous avons parlé de la gratitude au chapitre précédent mais cette belle émotion peut également se muer en une habitude qui viendra bonifier votre capacité de savourer tous les autres événements agréables de votre existence. Il suffit d'apprendre à capter, sur le moment, ce qui pourrait faire naître cette émotion en vous. Êtes-vous à l'affût de toutes les bénédictions que vous vivez chaque jour?

Combien de fois dites-vous merci chaque jour? Combien de fois pourriez-vous le dire? Pourquoi cet écart? Vivriez-vous un déficit de gratitude? Vous faites grandir votre capacité de savourer l'instant présent chaque fois que vous dites merci parce que, chaque fois, vous remarquez qu'il y a là matière à gratitude.

Des réflexions pour un lac-à-l'épaule

Il arrive que les membres de la direction d'une entreprise se réunissent dans des événements qu'on appelle des lacs-à-l'épaule. On les éloigne de l'endroit où ils vivent habituellement. On cherche même des endroits où les téléphones cellulaires deviendront inopérables. Et on les pousse alors dans des voies de réflexion qui les amèneront à se remettre en question, à aller plus loin.

Le problème avec ces réunions, c'est qu'elles sont souvent dirigées vers ce qui va mal dans l'organisation. On cherche un problème, on trouve un coupable et on se demande comment en venir à bout. Pendant ce temps, on oublie tout ce qui va bien et tout ce qui permettrait d'aller de l'avant.

C'est comme si les parts de marché sur lesquelles on peut déjà compter n'avaient pas d'importance, comme si les clients qui font confiance à l'entreprise étaient insignifiants. Et pourtant, ces clients la font vivre et lui permettent de faire face aux défis en cours. Pourquoi ne pas ressentir de la gratitude face à eux?

Toutes ces rencontres devraient inclure un instant où les directeurs constatent tout ce que les marchés offrent à l'entreprise. Ensuite, faire le point sur tout ce qu'elle fait bien. Et se demander comment continuer à miser sur ce qui satisfait déjà ces clients fervents de leurs services. Bref, ressentir de la gratitude pour ce qu'on a déjà avant de penser à aller plus loin. Établir la géographie du camp de base avant de partir pour de plus hauts sommets.

Apprenez à remercier intérieurement à mesure que les événements agréables se produisent au lieu de vilipender ce qui vous irrite. Dites-vous que vous êtes chanceux de vivre ce que la vie vous apporte. Prenez l'habitude de capter sur le vif tous les événements pour lesquels vous devriez dire merci. Ensuite, faites-le.

Cinq catalyseurs pour mieux savourer

Vous savez maintenant quoi faire pour vivre plus d'événements heureux et mieux les savourer. Vous pouvez aller plus loin en créant dans votre environnement des conditions qui favoriseront tout ça. Les cinq conditions que je vous présente maintenant sont des catalyseurs de bons moments. Bryant et Veroff soutiennent qu'elles vous rendront encore plus capable de faire face aux tempêtes et de savourer le beau temps. Leur présence dans votre vie rendra plus facile la mise en œuvre de tout ce que nous avons vu jusqu'à maintenant.

Un réseau social fort

Nous avons déjà vu, à plusieurs reprises, que les moments agréables se consomment mieux en groupe. Il est plus difficile de savourer un événement heureux quand on ne peut pas le partager, quand on est seul. De même, il est possible de passer sans voir les bons côtés de la vie si on n'a personne à côté de nous pour nous les faire remarquer.

Mais il ne suffit pas d'être bien entouré pour retrouver automatiquement autour de soi des gens qui nous soutiendront en cas d'orage ou qui nous encourageront à mieux profiter des périodes de beau temps. Il y a tellement de personnes qui disparaissent quand ça va mal et qui sont jalouses quand ça va bien. Pour mieux profiter de la vie, il faut savoir bien s'entourer.

Fréquentez donc des personnes qui seront de véritables amis. Des gens qui non seulement seront là pour vous écouter et vous encourager les jours de tempêtes, mais n'hésiteront pas à vous faire remarquer les éléments dont vous devriez vous réjouir les jours où vous ne voyez pas tout ce que vous vivez de bon.

- «Quand ça a mal été dans mon couple, Liette m'appelait deux fois par jour et s'enquérait de mon état d'esprit. Je suis persuadée qu'elle aurait débarqué dans mon appartement à 3 heures du matin si elle avait pensé que c'était nécessaire. C'est une très bonne amie.»
- «Les jours où je vais couci-couça, Marilou me fait remarquer tout ce qui va bien dans ma vie et tout ce qui devrait faire naître une belle gratitude en moi. C'est une amie rare qui me fait réaliser que je passe quelquefois à côté de l'émerveillement sans même m'en rendre compte.»
- «Hélène m'aide à mieux profiter de mes succès en me félicitant, en me disant que je le mérite et en me rappelant mes succès antérieurs quand je doute. C'est tellement bon de pouvoir compter sur une aussi belle âme.»

Naturellement, le maintien d'un réseau social fort implique que vous y mettiez du vôtre. Il ne faut jamais oublier la réciprocité. Vous devez également vous faire un devoir d'être là quand vos amis vivent des moments difficiles ou quand vous pourriez les aider à apprécier encore davantage les bons moments qu'ils traversent.

La conscience du temps

Je vous en ai parlé à de multiples reprises depuis le début de ce livre, mais il est tellement facile d'oublier que notre temps nous est compté et de s'imaginer que le fait de le gaspiller ne semble pas plus grave que ça.

Laissez-moi donc vous le répéter: vous pourriez mourir demain. Dans ces conditions, pourquoi ne pas profiter d'aujourd'hui au cas où...? Si le caractère éphémère de nos existences ne quittait pas notre conscience, nous serions bien plus enclins à profiter de ce qui se passe de bon aujourd'hui.

Avoir conscience du temps, c'est également se rappeler, par temps de tempête, que la vie a ses hauts et ses bas et que, si aujourd'hui constitue un bas, c'est qu'un haut s'en vient et qu'il faut se préparer à l'accueillir et à le savourer.

Votre journal

Il est facile de se laisser entraîner dans un tourbillon pendant la journée et de ne pas savourer les bons événements qui s'y sont passés. La bonne habitude de tenir un journal vous permet de pallier tout ça en début de soirée.

Pourquoi ne pas prendre l'habitude de faire un retour sur votre journée avant le coucher ? Vous pouvez vous confier à un journal papier, à un journal informatique ou vous contenter de prendre quelques instants, les yeux fermés, pour repasser votre journée et revivre vos événements marquants.

Vous remarquerez probablement que des gens vous ont complimenté et que vous n'avez pas savouré l'instant. Vous vous rappellerez ces gens que vous avez aidés sans ressentir cette légitime fierté. Vous vous rappellerez cette vente conclue avec tout votre talent. Bref, vous revivrez votre journée sans tourbillon. Vous serez capable d'arrêter votre visionnement quand vous en avez envie pour mieux ressentir ce que vous auriez dû ressentir au moment où ces événements se sont produits.

Avec le temps, vous arriverez à capter sur le moment tous ces beaux instants, mais ne perdez quand même pas cette belle habitude de faire un retour sur la journée avant de dormir et de ressentir à nouveau toutes ces belles émotions.

L'humour

Il semble que les personnes qui possèdent un bon sens de l'humour soient plus en mesure de faire face aux tempêtes et de profiter des périodes de beau temps. C'est une très bonne nouvelle quand on sait que l'humour est un talent qui se développe et que vous n'avez pas à vous sentir désespéré si vous ne le maîtrisez pas encore.

Apprenez à faire la part des choses. Tenez-vous davantage avec les philosophes qu'avec les cyniques. Le regard philosophique vous aidera à mieux interpréter tout ce qui se passe autour de vous. Le monde est beaucoup plus amusant quand on réalise qu'il est éphémère et que nos problèmes quotidiens ne sont pas vraiment importants.

Alors, développez votre sens de l'humour. Entourez-vous de gens qui savent voir ce qui est drôle en toute situation et libérez-vous des contraintes que vous vous êtes imposées jusqu'à maintenant pour avoir l'air «raisonnable». Vous n'avez pas à être raisonnable.

La spiritualité

Mon intention, dans cette section, n'est pas de vous pousser à quelque religion que ce soit. Ce n'est absolument pas mon souhait. Mais force est d'admettre que les gens qui ont incorporé la spiritualité à leur vie sont plus heureux et font face aux difficultés de leur vie de façon plus harmonieuse.

Je vous offrirai donc, dans le prochain chapitre, une activité qui vous permettra de vous trouver une raison d'être. Ne regardez pas cette activité de haut. Elle pourrait donner un nouveau sens à votre vie.

Voilà. Vous savez maintenant comment multiplier les moments agréables et comment mieux les savourer. Il vous reste maintenant à déterminer si votre situation actuelle est satisfaisante ou si vous devez passer à un niveau supérieur. Vous serez invité à explorer toutes vos avenues dans le prochain chapitre.

CHAPITRE 4

Explorez!

L'amour, après tout, n'est qu'une curiosité supérieure,
un appétit de l'inconnu qui vous pousse dans l'orage,
poitrine ouverte et tête en avant.

Gustave Flaubert

Vous avez sûrement déjà entendu parler de cette expérience quelque part : on sépare un aquarium en deux en plaçant un morceau de verre au centre puis on y place un poisson. Celui-ci ne tarde pas à prendre possession des lieux en visitant tout ce qu'il est à même de visiter. Il se rend donc rapidement compte qu'il existe un mur infranchissable qui délimite le territoire à sa disposition.

Au bout de quelques jours, on retire le mur de verre, doublant ainsi le territoire du poisson. On pourrait s'attendre à ce qu'il en profite mais il n'en est rien. Il s'est tellement souvent frappé le nez sur la paroi de verre maintenant disparue qu'il ne tente plus de la traverser. Il continuera donc à vivre dans la moitié de l'aquarium qu'il considère son territoire même si, dans les faits, la seule frontière qui lui donnerait accès à d'autres ressources n'est que dans sa tête.

Vous me voyez venir ? Se pourrait-il que vous viviez la même situation que ce poisson en vous imposant des limites qui n'existent que dans votre tête ? Vous allez, dans ce chapitre, vous poser des questions que vous n'avez peut-être jamais osé vous poser. Êtes-vous dans le bon emploi ? Êtes-vous avec la bonne personne ? Vivez-vous dans le bon village, la bonne ville, le bon pays ?

Les limites peuvent également venir de l'extérieur

Quand j'ai perdu mon emploi en 1991, j'avais tour à tour été vendeur et développeur immobilier. Imaginez la réaction des gens quand j'ai annoncé que je voulais devenir auteur! Certains m'ont dit qu'ils me voyaient davantage comme vendeur, d'autres comme entrepreneur en construction. Ils m'avaient mis dans une boîte et semblaient inconfortables à l'idée que j'en sorte.

Une affaire de petites boîtes

Revenons à la notion de filtres présentée au chapitre 2. Nous avons vu que nous interprétons largement tout ce que nous vivons et que nous percevons de manière sélective. Mais il y a plus. Nous avons également tendance à nous placer et à mettre tout ce qui nous entoure dans de petites boîtes. Cela nous simplifie certes la vie, mais ça nous impose des contraintes dont nous n'avons pas besoin.

Ainsi, tout petit, vous aviez peur des chiens si votre première rencontre avec un tel animal s'est mal passée, et vous couriez vers eux si votre première expérience a été un plaisir. De même, vous pouvez avoir entendu qu'il ne fallait pas faire confiance aux gens de telle origine ethnique, ou vous avez peut-être décidé que tous les chefs d'entreprise étaient des capitalistes égoïstes qui ne pensaient qu'au profit.

Ces généralisations, même si elles vous simplifient la vie parce que vous ne vous posez plus de question par la suite, vous confinent à un univers manichéen. Or, le monde n'est pas tout blanc ou tout noir. Tous les êtres humains issus de telle origine ethnique ne se ressemblent pas. Il y a beaucoup de chefs d'entreprise altruistes. En plaçant les gens dans de petites boîtes, vous vous privez d'un contact avec le monde réel. Vous vivez en mode automatique.

Il se peut même que, sans en être conscient, vous vous soyez placé dans une boîte. Vous vous percevez peut-être comme étant Gisèle, intégratrice Web œuvrant pour ABC inc. et mariée à un certain Omar. Mais tant que Gisèle va rester confinée dans sa boîte, elle n'explorera pas d'autres possibilités. Elle pourrait par exemple travailler pour XYZ inc., devenir infirmière ou quitter Omar pour un partenaire lui convenant mieux. Tout est possible si on oublie les frontières qu'on s'impose. Ce chapitre vise à vous aider à explorer ce qu'il y a à l'extérieur de votre boîte.

Avez-vous une raison d'être?

Avez-vous une mission? Comment devrait-on se rappeler de vous quand vous ne serez plus de ce monde? Comme un père affectueux? Dans ce cas, agissez-vous actuellement en père affectueux? Comme un citoyen engagé auprès de sa collectivité? Si tel est le cas, quels sont vos engagements actuels? Agissez-vous chaque jour en fonction du souvenir que vous aimeriez laisser?

Sans mission, vous vous condamnez à gaspiller votre temps et vos efforts dans des activités qui ne vous mènent nulle part. Mais comment découvrir votre mission? Commencez par explorer votre passé en faisant l'exercice suivant.

Y a-t-il un moment de votre vie dont vous êtes particulièrement fier? Un moment où vous avez excellé? Prenez un cahier ou ouvrez un fichier électronique et racontez cinq (ou plus) de ces événements. Voici un exemple personnel et quelques exemples de participants à mon atelier intitulé *52 jours pour réinventer ma vie.*

- Au primaire, je détestais les présentations orales. Je ne dormais pas la nuit précédant un oral en classe. J'arrivais en avant de la classe tout rouge et ma main tremblait fortement quand je pouvais tenir ma feuille. Vers la fin de mon secondaire, je me suis quand même inscrit en option théâtre. Le soir de la première, j'avais mal au cœur. Mais la présentation a été un succès. Tellement que, pendant l'été suivant, j'ai fait quelques soirées de monologues dans un café de mon voisinage. Et quand j'ai perdu mon emploi en 1991, je me suis rappelé le plaisir de la scène et je suis devenu conférencier. J'avais trouvé ma voie. De quoi suis-je fier? Du fait d'avoir ignoré ma peur du public en m'inscrivant en théâtre en secondaire 5.
- Une de mes collègues était violentée par son conjoint. Il était méchant avec elle et je sais qu'il la battait. Un matin, elle s'est présentée au travail avec un œil au beurre noir. Je lui ai demandé ses clés et, sur l'heure du midi, je suis allée chez elle chercher ses effets personnels. Son mari a tenté de m'en empêcher. Je l'ai regardé dans les yeux et je l'ai pointé du doigt en lui disant que c'est la prison qui l'attendait s'il me touchait. Ce soir-là, ma collègue a dormi chez moi. Elle est aujourd'hui dans une union qui lui permet de s'épanouir. Je suis fière de ce que j'ai fait cette journée-là.
- Je courtisais assidûment une femme depuis des mois. Sans aucun succès. À plusieurs reprises, j'avais été tenté d'abandonner jusqu'à ce qu'un soir elle me remercie de l'avoir attendue. Ça a été un des plus beaux moments de ma vie. De quoi suis-je fier? De ma persévérance, voyons!

Y êtes-vous arrivé? Avez-vous au moins trouvé cinq raisons d'être fier de ce que vous êtes? Cela vous gêne-t-il de vous rappeler à quel point vous êtes bon? Ne jouez pas l'humilité. Nous méritons tous d'être admirés. Repassez maintenant chacun de ces événements en vous posant les questions suivantes:

1. Comment vous êtes-vous senti à ce moment?
2. Lequel de vos talents ce moment met-il en valeur?
3. Comment pourriez-vous utiliser ce talent chaque jour?
4. Comment pourriez-vous maximiser vos chances de l'utiliser en changeant votre vie?

La théorie veut que ces moments marquants de votre vie soient ceux où vous avez utilisé vos talents dominants. Un des plus beaux cadeaux que vous puissiez vous faire, c'est de vous trouver une cause qui vous permettra d'utiliser le plus souvent possible ces talents.

Pensez maintenant aux gens que vous admirez et demandez-vous pourquoi ils ont cet impact sur vous. Est-ce la cause qu'ils défendent? Est-ce que ce sont les traits de caractère qu'ils démontrent? Pourriez-vous embrasser la même cause? Démontrer les mêmes forces?

Pensez aux moments où vous ressentez de l'élévation. Quel changement pourriez-vous apporter à votre vie pour en ressentir plus souvent?

Vous pouvez également trouver votre raison d'être en pensant à votre mort. Qu'aimeriez-vous qu'on dise de vous lors de votre éloge funèbre? Agissez-vous chaque jour pour être à la hauteur de tous ces bons mots? À quoi aimeriez-vous consacrer votre vie?

Remarquez qu'il se peut fort bien que vous ne vous trouviez pas une raison d'être pour l'instant. La découverte de votre mission n'est pas une démarche. Elle se présente plutôt comme une épiphanie, un moment de révélation qui vous fait réaliser ce que vous êtes vraiment. Une fois que vous l'aurez trouvée, vous le saurez parce que cette mission deviendra une force qui vous poussera dans l'action en donnant un sens à votre existence.

Explorez votre couple

Votre couple est-il devenu une vieille habitude? En retirez-vous toujours une saine passion? Nous avons vu que l'amour est une des plus belles émotions positives parce qu'elle vous permet de vivre toutes les autres. Quelle est la première émotion que vous ressentez quand vous pensez à votre partenaire de vie actuel? Vous retrouvez-vous dans les exemples suivants?

- Sophie: «Pour être honnête, on ne se parle même plus. Le soir, j'arrête au club vidéo et je rapporte des films qu'on va regarder en soirée, dans le silence total, dans nos fauteuils respectifs. Nous avons l'air ensemble mais nous sommes davantage des colocataires que des amants. Nous sommes à *off*.»
- Robert: «Il fut un temps où nous avions des projets ensemble et ces projets nous emballaient. On dirait que nos voies se sont séparées. Le mois dernier, je me suis inscrit à un certificat en psychologie. Elle n'est même pas encore au courant. Ce n'est pas que j'agis en cachette, c'est juste que je pense que ça ne l'intéresserait pas.»
- Suzy: «Ce que je ressens par rapport à Samuel? Rien. Pour être franche, quand je pense à lui, je me dis que d'ici dix ans les enfants seront grands et que je divorcerai. Ça ne fait pas très romantique mais c'est ainsi.»

Que feriez-vous si vous deviez conseiller Sophie, Robert ou Suzy? Il est probable que vous leur diriez de faire quelque chose avant d'être complètement encroûtés. Vous les encourageriez à explorer quelques possibilités.

Explorez comment bonifier votre couple actuel

Qu'avez-vous perdu en cours de route qui faisait votre succès ensemble dans le passé ? Que faisiez-vous auparavant que vous ne faites plus ? Pourriez-vous recommencer ?

- Je lui envoyais des fleurs.
- Nous allions danser.
- Nous discutions davantage.
- Je lui faisais des surprises.
- Nous avions des projets.
- Je lui disais qu'elle est belle.
- Je lui disais qu'il est beau.
- Je le caressais. Je le tenais par la main. Je ne le lâchais pas.
- Nous faisions l'amour chaque semaine.
- Nous allions magasiner ensemble.
- Nous gardions le téléviseur fermé.
- Je lui téléphonais et lui tenais des propos cochons pendant la journée.

Imaginez l'impact que vous aurez si vous lui faites livrer des fleurs au travail alors que vous avez cessé de le faire il y a plus de quinze ans. Imaginez qu'il vous demande ce soir pourquoi la télé est fermée et que vous répondiez que c'est pour mieux être avec lui. Ranimez la flamme.

C'est dommage qu'on oublie avec le temps ce qui a créé ces étincelles au début d'une relation. On s'embourbe. On s'encroûte. L'acédie prend le dessus.

Explorez vos autres possibilités

Seriez-vous mieux seul ou avec quelqu'un d'autre ? C'est une possibilité qu'il faut envisager si votre couple ne vous passionne plus.

Avant de prendre une telle décision, vous devez évidemment vous donner une autre chance en proposant des rencontres avec un thérapeute conjugal, mais si vous en venez à la conclusion d'une séparation, agissez.

Il n'a peut-être jamais été la personne pour vous. Il l'a peut-être déjà été mais il ne l'est plus. Les gens changent et ne grandissent pas à la même vitesse. Il ne sert à rien de rester enfermé dans un milieu qui mine notre héliotropisme.

Ne restez pas pour les enfants!

J'ai pour ma part attendu trop longtemps avant de décider que ma première union ne menait plus nulle part. Voici ce que m'ont dit mes enfants le premier Noël où on s'est réunit après la séparation: «Tu n'as jamais été aussi agréable à côtoyer. Et c'est la même chose pour maman.»

Maintenir une union qui ne va plus pour ne pas faire de la peine aux enfants ne leur rend pas service. En vous libérant (sans renier vos responsabilités), vous les libérez également.

Explorez à deux

Prenez les devants. Explorez même si tout va bien entre vous. Pourquoi ne pas vous réserver du temps, sur une base régulière, pour explorer ce que vous pourriez faire à deux? Les entreprises font ce type de rencontres pour planifier leur survie et leur croissance. Les dirigeants appellent ça des lacs-à-l'épaule. Voici donc un lac-à-l'épaule pour deux. Il dure une semaine et vous pouvez le répéter quatre fois par année.

Au jour un, chacun des partenaires reçoit une feuille intitulée *20 choses que j'aimerais faire avec (nom du partenaire) au cours des prochains mois*. Pendant la semaine qui vient, remplissez votre feuille en y indiquant des choses que vous aimeriez vraiment vivre avec l'autre. Il est bon de se donner une semaine pour un tel exercice. Cela favorise la génération d'idées et évite qu'on se contente d'écrire n'importe quoi parce qu'on veut remplir nos vingt lignes. Remplissez votre feuille sans en révéler le contenu. Ne dévoilez rien pour l'instant.

Au jour sept, assoyez-vous et présentez à votre partenaire le résultat de vos cogitations. Identifiez immédiatement les activités que vous avez tous deux inscrites. Ce sont les activités qui vous rapprocheront le plus l'un de l'autre. Planifiez quand vous les ferez. Ensuite, lancez-vous : réservez l'événement, achetez les billets, entendez-vous sur la date, *etc.* Ce sont vos activités prioritaires.

Passez ensuite aux activités auxquelles vous n'aviez pas pensé, mais qui vous tentent spontanément en les découvrant sur la liste de l'autre. Demandez des éclaircissements si nécessaire et passez à l'action.

Finalement, choisissez une des activités qui vous tient à cœur et qui n'a pas été retenue. Expliquez pourquoi vous aimeriez la faire et déterminez si vous la ferez simplement seul ou si vous la ferez à deux.

Ensuite, exécutez ! Vous aurez vaincu l'acédie ! Prévoyez votre prochain lac-à-l'épaule dans trois mois et, d'ici là, profitez du temps passé ensemble et redécouvrez la passion.

Explorez votre emploi

Nous avons déjà vu qu'un emploi devrait être plus qu'un simple gagne-pain. Vous y passez tellement de temps que vous ne pouvez pas vous y emmerder. Vous devriez y avoir du plaisir.

Malheureusement, la plupart d'entre nous s'engagent dans un emploi avant de s'être découverts. Ce sont alors les attentes des parents, le simple hasard ou la nécessité de gagner de l'argent qui font qu'on se retrouvera dans tel ou tel poste. Il est temps d'explorer cela.

Explorez la genèse de votre emploi actuel

Qu'est-ce qui a fait que vous vous êtes retrouvé dans l'emploi que vous occupez actuellement? Les attentes de vos parents? Le hasard? Les tests de votre orienteur scolaire? Le fait que l'établissement scolaire où vous auriez aimé étudier était trop loin pour vos capacités financières et que vous avez choisi un programme qui se donnait dans votre localité? Répondez maintenant aux questions suivantes:

- Qu'auriez-vous fait si l'argent n'avait pas été un problème?
- Qu'auriez-vous fait si vos parents ne vous avaient pas imposé ce que vous alliez éventuellement accepter de faire?
- Que rêviez-vous de faire étant jeune?

Les réponses à ces questions pourraient vous aider à découvrir ce que vous deviez faire et que vous n'avez pas fait. Je suis pour ma part devenu vendeur de meubles parce que le père de ma petite amie avait un magasin de meubles et que j'étais sans emploi. Était-ce la meilleure décision à l'époque? Je continue à penser que oui compte tenu des circonstances, mais j'y penserais à deux fois si c'était à refaire.

Explorez votre emploi actuel

Vous y réalisez-vous? Y avez-vous du plaisir? Comment vous sentez-vous au moment de quitter pour le travail le matin? Vous accrochez-vous à un emploi que vous détestez parce que vous y jouissez de la sécurité d'emploi? Pouvez-vous y utiliser vos talents dominants? Pourriez-vous le bonifier?

Vous vous rappelez cette comptable qui s'ennuyait dans son travail, mais qui a retrouvé un second souffle en devenant la porte-parole du bureau de comptable où elle travaillait ? Pourriez-vous faire quelque chose de semblable ?

Ne craignez pas d'en parler à votre patron. Dans ce monde où les bons employés sont de plus en plus rares, les employeurs ont à cœur de retenir leurs meilleurs éléments et sont ouverts à l'idée d'améliorer le plaisir au travail de leurs ressources humaines. Explorez !

Finalement, si vous appréciez votre emploi actuel, mais que le climat qui y règne fait problème, lisez (ou faites-le lire par votre patron) mon livre *Sois positif ou bedon reste chez vous !* La fuite n'est pas toujours la meilleure option. Il ne sert à rien de fuir quand quelques gestes pourraient changer les choses.

Explorez vos autres options

Devinez quoi : vous n'avez pas à rester dans un emploi que vous n'aimez pas. Vous n'avez même pas à demeurer dans votre profession actuelle. Tout comme vous n'avez pas à rester dans une relation où vous vous asséchez progressivement, vous n'avez pas à demeurer dans un emploi qui est devenu toxique ou trop petit pour vous.

Ce n'est pas une honte !

Il n'y a rien de honteux à l'idée de vouloir améliorer son sort et ce n'est pas grave d'avoir un parcours accidenté. J'ai pour ma part été tour à tour...

- Camelot
- Cuisinier
- Responsable des tablettes dans une pharmacie
- Mascotte déguisée en ours (dans un restaurant A&W)
- Vendeur de meubles

- Libraire et quincaillier
- Directeur général d'un centre commercial
- Entrepreneur en construction
- Travailleur autonome (auteur et conférencier)
- Propriétaire d'une entreprise

Dans chaque emploi, j'ai grandi et appris. Il n'y a pas de honte à quitter un emploi qui est devenu trop petit pour soi. Je ne me verrais plus ours aujourd'hui mais, à l'époque, j'y ai développé le souci du public. C'est fou ce qu'on apprend chemin faisant.

Explorez le cahier *Carrières* de votre quotidien. Visitez les sites d'Emploi-Québec ou ceux d'éventuels employeurs. Rencontrez un orienteur. Au besoin, songez à un retour aux études afin d'obtenir le papier qui vous manque pour aspirer au poste qui vous conviendrait le mieux.

Vous n'êtes pas votre emploi. Vous n'êtes pas ce que vous faites. Vous êtes ce que vous êtes. Cessez donc de vous enfermer dans une boîte alors que le monde vous appartient. Votre emploi actuel vous confine peut-être au rang de chenille ou de chrysalide. Sortez de votre cocon et prenez votre envol en tant que beau papillon.

Explorez votre collectivité

Il n'y a pas que votre emploi ou votre couple. Le monde est bien plus grand que ça et il vaut également la peine d'être exploré. Il se peut que, pour des raisons qui sont vôtres, vous restiez dans un couple ou un emploi qui ne vous satisfait pas. À ce moment, l'acédie vous guette et vous devrez vous réaliser ailleurs.

Explorez les passe-temps potentiels, même ceux auxquels vous n'avez jamais pensés. Essayez l'alpinisme, les voyages ou la peinture. Testez au fil de vos intérêts et des possibilités. Qui sait si vous ne découvrirez pas ce qui donnera un sens à votre vie. Au lieu de les jeter, lisez les offres de formation de votre centre communautaire ou de l'éducation aux adultes. L'éducation n'a pas à mener à un emploi ; elle peut également constituer une passion.

Explorez votre famille. Avez-vous des ponts à reconstruire? Êtes-vous suffisamment présent pour vos enfants? Avez-vous trouvé des moyens de vivre des moments de plaisir avec eux? Que pourriez-vous faire pour faire partie de leur monde au lieu de simplement jouer le rôle de pourvoyeur? L'enfance est un moment précieux. Ne vous en privez pas sous prétexte que vous avez beaucoup de travail et que vous aurez plus de temps dans dix ou quinze ans. Vos enfants seront alors rendus ailleurs.

Explorez vos amitiés. Faites le ménage au besoin. Il se peut que vous vous teniez avec des gens qui nuisent à votre épanouissement au lieu de contribuer à celui-ci. Éloignez les pisse-vinaigre et ceux qui ne croient pas en vous. Devenez un bon ami (vous avez appris comment dans un chapitre antérieur). Soyez présent pour eux et accordez-leur du temps. Il est tellement facile de s'emmurer et de perdre contact avec les gens qui nous aiment.

Explorez vos possibilités d'implication dans la collectivité. Avez-vous songé au bénévolat? à l'implication sociale? à l'implication politique? Vous n'avez pas à être spectateur dans l'espace collectif. Vous pouvez être acteur. Explorez !

Explorez le monde ! Je connais une optométriste qui est allée passer deux semaines dans les Andes avec un lot de lunettes usagées pour redonner bénévolement le cadeau de la vision à des gens qui n'avaient pas accès à ces services. Elle en est revenue transformée et a hâte d'y retourner. Une autre personne est allée passer deux mois en Afrique pour aider une communauté à mettre sur pied une radio locale. Le monde a besoin de vous. Découvrez ce que vous pouvez lui offrir.

Soyez ouvert aux possibilités

La vie est une aventure. Il faut se lancer pleinement pour en profiter. Imaginez que votre vie se joue sur un tableau de *Serpents et échelles*. Vous pouvez vous lancer dans le jeu en sachant, qu'inévitablement, vous connaîtrez des ascensions rapides et des descentes toutes aussi brusques. Ou vous pouvez rester à la case départ, la case de l'acédie, et attendre que le jeu soit terminé. Dans tous les cas, c'est vous qui avez les dés en main et qui pouvez décider de vous lancer ou pas. Vous êtes en charge.

Il peut être tentant de s'imaginer qu'on est à la merci du destin et qu'on n'est pas responsable de ce qui nous arrive. C'est réconfortant d'entretenir l'idée que ce n'est pas sa faute si on est encroûté, si on n'a pas le sentiment d'avancer, de vivre pleinement la seule existence à sa disposition.

Vous savez maintenant qu'il en est tout autrement. Vous pouvez multiplier les occasions où vous ressentez des émotions positives chaque jour. Vous pouvez les savourer pleinement. Vous pouvez explorer le monde et trouver d'autres moyens de bonifier votre quotidien.

Mais pour profiter des occasions que vous découvrirez, vous devrez oser changer. Justement, ce sera le thème de notre prochain chapitre.

Vous êtes le PDG de votre vie

Personne ne peut jouer ce rôle à votre place. Vous pouvez vous lancer dans l'action ou rester assis. Le ferez-vous ? Face à vous-même, serez-vous un bon patron ? Ce qui importe, c'est que vous soyez en mesure de vivre à plein chaque jour.

CHAPITRE 5

Osez!

La plus grande erreur qu'un homme puisse faire,
c'est d'avoir peur d'en faire une.

Elbert Hubbard

Seuls ceux qui prennent le risque d'échouer
spectaculairement réussiront brillamment.

Norbert Bensaïd

Aussi ai-je gagné la certitude que les catastrophes
ne sont là que pour nous éviter le pire.
Et y a-t-il pire que d'avoir traversé la vie sans houle
et sans naufrage, d'être resté à la surface des choses,
d'avoir dansé toute une vie au bal des ombres?

Christiane Singer, *Du bon usage des crises*

Ne pas savoir oser, c'est cesser d'être un chef.
Vivre, c'est agir, c'est lutter, c'est vibrer.
Et faire vibrer les autres, c'est vaincre!

Source inconnue

Comme nous l'avons vu jusqu'ici, vous n'avez pas à chambouler votre vie pour vraiment vivre chaque jour. Votre capacité à fleurir dépend largement de votre attitude, de votre habileté à repousser les frontières que vous vous êtes faussement imposées et de votre aptitude à savourer les événements positifs qui s'offrent à vous au quotidien.

Cependant, il est fort possible que, pour l'instant, vous vous contentiez d'une vie largement inférieure à celle que vous pourriez vivre parce que vous n'osez pas vous lancer dans tous ces projets sur lesquels vous avez levé le voile lors du chapitre précédent. Il est possible que vous soyez pris dans une ornière et que vous ne réalisiez qu'une partie seulement du potentiel qui est en vous.

Je vais donc vous offrir une démarche exploratoire dans ce chapitre. Tentons de découvrir ce que vous pourriez devenir ou réaliser si vous cessiez de censurer vos rêves. Libre à vous, ensuite, de vous lancer dans l'action ou pas.

Oui mais si ça marche pas!

De quoi avez-vous peur? Qu'est-ce qui vous retient? Je sais que vous avez des rêves et que vous les gardez bien cachés en vous. Vous n'osez pas les exprimer. Vous vous gardez bien de les concrétiser. Mais pourquoi?

Vous avez peur du regard des autres? Vous vous demandez ce qu'ils diront de vous si vos projets n'aboutissent pas, si vous frappez un mur? Dans l'affirmative, vous êtes prêt à ne pas vous réaliser de peur d'être mal perçu par des gens qui, probablement, sont encore moins vivants que vous. Au lieu de craindre d'être la risée de ces gens, dites-vous que vous pourriez devenir un exemple, un phare qui leur montrera la voie.

Vous avez peur d'y perdre vos acquis? Mais oui, c'est possible de tout perdre quand on se lance à l'assaut de nouveaux défis. À ce chapitre, je vous invite à relire la citation de Christiane Singer qui figure en ouverture de ce chapitre. Si votre curiosité s'emballe, procurez-vous le livre.

Dans ce texte, madame Singer soutient que les catastrophes sont là pour nous éviter le pire. Comment ça? Elles nous évitent de nous enfoncer dans nos ornières, de cesser d'aspirer à mieux. Ce sont des rites initiatiques qui nous rendent plus forts, plus aptes à passer à un degré supérieur de qualité de vie.

Il y a pire que de se lancer et de connaître l'échec. C'est de ne pas se lancer. Et si vous ne vous lanciez pas? Quels regrets nourrirez-vous dans le futur? Qu'est-ce que vous n'auriez pas réalisé?

Serein même quand on se trompe?

À l'automne 2009, j'ai investi massivement dans une campagne publicitaire qui devait, selon mes attentes, me rapporter des centaines de contrats. Le projet n'a pas rapporté tel qu'escompté.

Vais-je m'automutiler pour les années qui viennent en regrettant ma décision? Malgré les dizaines de milliers de dollars investis, je suis quand même content d'avoir tenté le coup parce que, si je ne l'avais pas fait, je m'en voudrais encore de ne pas avoir osé. Ne soyez jamais gêné d'échouer. Cela témoigne du fait que vous avez essayé.

Naturellement, il ne faut pas pour autant se lancer dans n'importe quoi. C'est pourquoi je vais vous accompagner au fil des prochaines pages dans une aventure sans risque. Tentons, ensemble, de vous trouver un meilleur futur. Vous serez appelé à travailler. Je vous suggère de vous trouver un cahier dans lequel vous pourrez écrire. Il peut être tentant d'écrire à l'écran, mais le papier se prête mieux au type de réflexions que vous allez maintenant entreprendre[10].

Le pire qui puisse vous arriver

Dans un premier temps, vous aurez à faire une création littéraire. Rédigez un texte qui présenterait la pire situation qui puisse vous arriver. Supposons qu'un mauvais génie décide de vous ennuyer, que pourrait-il faire pour vous rendre la vie misérable?

Vous ferait-il vivre au centre-ville ou en banlieue? à la campagne ou en ville? De quoi aurait l'air votre localité? Dans quel type d'habitation seriez-vous installé? Décrivez à quoi ressembleraient les pires voisins possible. Quelle serait votre réputation dans cette localité? Pourquoi? Mettez l'accent sur ce qui vous énerverait le plus dans ce lieu.

Quels seraient vos passe-temps? Pensez à ce qui vous ennuie le plus et donnez des détails pour bien faire comprendre qu'un être humain normal ne devrait pas éprouver de plaisir à pratiquer ce genre d'activité.

Auriez-vous un animal de compagnie? Si oui, quel pourrait bien être l'animal le plus détestable? Pourquoi?

---

10. Les activités qui suivent sont tirées de *52 jours pour réinventer ma vie.*

Seriez-vous en couple ou célibataire? Décrivez comment votre état civil pourrait vous rendre misérable. Donnez des exemples. Auriez-vous des enfants? Combien? Dans l'affirmative, que feraient-ils pour vous rendre malheureux?

Parlez maintenant de votre travail. Quel serait le pire emploi que vous pourriez occuper? Parlez-nous des tâches que vous devriez accomplir chaque jour, ces tâches qui vous pousseraient à vous demander si la vie vaut la peine d'être vécue.

Décrivez votre environnement de travail, votre espace. Travaillez-vous à l'intérieur ou à l'extérieur? Dans quelles conditions? Soyez précis.

Parlez de vos collègues, les pires que vous puissiez avoir. Présentez-les physiquement, décrivez leurs comportements. Imaginez comment ils s'adressent à vous. Racontez ce qu'ils font chaque jour, pour que vous vous demandiez comment vous avez pu mériter un tel sort.

Dites un mot sur votre patron. Quels comportements adopte le pire des patrons? Traitez d'une rencontre avec lui ou de la manière dont il anime les réunions.

Parlez, s'il y a lieu, des clients avec qui vous entrez en contact. Comment font-ils pour mériter le statut de pires clients qui soient? Racontez.

Imaginez finalement qu'il est l'heure de vous coucher après une journée passée dans cet environnement cauchemardesque. Quelles sont les dernières pensées à occuper votre conscience avant que vous ne glissiez vers le sommeil?

Le mieux qui puisse vous arriver

Ce texte que vous venez de rédiger a ceci de merveilleux: il révèle tout ce que vous n'aimez pas. Vous écrirez maintenant un autre texte, qui fera exactement le contraire.

Ainsi, si, dans votre premier texte, vous vous êtes imaginé vivre à la campagne, vous vous imaginerez peut-être maintenant au centre-ville d'une mégalopole. Votre passe-temps sera aux antipodes de ce que vous aviez écrit la première fois. Vous aurez ou n'aurez pas d'animal de compagnie. Si vous vous étiez décrit comme une personne célibataire, vous serez maintenant en couple. Imaginez également un emploi qui ne correspond pas du tout à celui que vous aviez noté dans votre premier texte. Décrivez comment seraient vos collègues et votre patron dans une vie idéale.

Imaginez finalement qu'il est l'heure de vous coucher après une journée passée dans cet environnement idéal. Quelles sont les dernières pensées à occuper votre conscience avant que vous vous endormiez? Il est important que vous rédigiez votre texte avant de continuer la lecture de cet ouvrage.

C'est fait? Bien. Dans l'encadré suivant, indiquez où se situe votre vie actuelle. Est-elle plus près du pire ou du mieux qui puisse vous arriver? Faites un X à l'endroit où vous vous trouvez.

Le pire qui puisse m'arriver ◄- - - - - - - - - - - - - - -	- - - - - - - - - - - - - - -► Le mieux qui puisse m'arriver

Vous l'avez perçu, ce texte décrivant le mieux qui pourrait vous arriver est quelque peu farfelu. Vous n'auriez pas besoin de tant pour considérer votre vie parfaite. Ajoutez donc un autre X entre celui que vous venez de tracer et l'extrémité droite de la flèche pour indiquer la situation où vous vous sentiriez vraiment bien, où vous aimeriez vous rendre. Répondez maintenant aux questions suivantes.

- Qu'est-ce qui manque à votre vie actuelle pour que vous vous sentiez vraiment bien? Dressez une liste.
- Prenez un à un les éléments de votre liste. Devant chacun, indiquez s'ils sont accessibles.
- En quoi cette vision de l'avenir vous permettrait-elle d'utiliser vos forces principales si vous l'atteigniez?
- Est-il possible de commencer tout de suite à vivre cette vie en y ajoutant quotidiennement des activités qui vous rapprochent de cette vision?

Reprenez votre cahier et rédigez un texte décrivant où, entre les deux X que vous avez tracés, vous souhaiteriez vous retrouver d'ici cinq ans.

Il est temps de «jongler»

Vous en êtes à un certain point dans le grand arbre décisionnel de votre vie. Aujourd'hui, vous déciderez de la direction que prendra votre branche à compter de maintenant. Vous êtes prêt à le faire. Vous vous connaissez mieux et vous connaissez davantage votre potentiel.

Se préparer à jongler

Vous êtes un être complexe et vous jouez de nombreux rôles chaque jour. Vous êtes à la fois un être humain, un employé, un entrepreneur, un contribuable, le membre d'une famille, le membre d'une communauté, *etc.* Bien gérer sa vie, c'est apprendre à jongler avec ses rôles et à les intégrer dans sa vie quotidienne afin de n'en négliger aucun.

Maintenant, dans votre cahier, notez les rôles que vous avez à cœur. Si le rôle de citoyen vous importe peu, oubliez-le. Faites de même avec le rôle de parent si celui-ci ne fait pas partie de vos projets de vie. Identifiez les rôles qui vous importent et classez-les par ordre d'importance.

Pour chacun des rôles retenus, demandez-vous maintenant où vous aimeriez vous retrouver d'ici à cinq ans. Pour ce faire, donnez libre cours à votre imagination et ne tenez pas compte, pour l'instant, des contraintes (conjoint, employeur, localité, *etc.*) auxquelles vous faites face. Pour vous aider, relisez le texte que vous venez de rédiger parce qu'il décrit ce que vous aimeriez vraiment.

Où mènent ces rôles?

Par ailleurs, un objectif, pour être valable, doit être précis, réaliste, mesurable et limité dans le temps. Formulez vos objectifs afin qu'ils répondent à ces conditions. L'atteinte de vos objectifs est possible. Il suffit que vous vous lanciez et que vous restiez discipliné jusqu'à ce que vous parveniez à vos fins. À titre d'exemples, voici les objectifs suivants formulés par des participants à des ateliers.

- Gerry, dans son rôle d'employé: «J'aimerais, d'ici à cinq ans, avoir trouvé un emploi en région, dans une localité où les gens parlent à leurs voisins et où la vie communautaire est importante.»
- Henri, dans son rôle de citoyen: «J'aimerais, quand j'aurai pris ma retraite, devenir conseiller municipal de mon arrondissement et représenter mes concitoyens.»

- Alain, dans son rôle d'amoureux: «Je veux, d'ici l'an prochain, surprendre Marthe en lui offrant un voyage de rêve en Grèce.»

Remarquez que le simple fait de coucher sur papier des objectifs réalistes suffit à vous donner de l'énergie. C'est normal: vous avez déjà entrepris la réalisation de ces projets...

«Des détails, je veux des détails...»

Un objectif global, aussi stimulant soit-il, n'est rien sans le plan d'action qui permettra sa réalisation. Tant qu'un plan d'action n'est pas préparé, il s'agit d'un rêve éveillé, d'un vague projet.

Pour chacun des objectifs que vous avez rédigés à l'activité précédente, posez-vous ces quatre questions.

- Qu'est-ce que j'ai déjà qui me sera utile pour atteindre cet objectif?
- Qu'est-ce qu'il me manque pour y parvenir?
- Qui peut m'aider?
- Quelles sont les principales difficultés à prévoir?

Bâtissez-vous un tableau semblable à celui qui suit. Notez-y les étapes conduisant à l'atteinte de chacun de vos objectifs.

Objectif:
Surprendre Marthe en lui offrant un voyage de rêve en Grèce.

Étape	Description	Date prévue	Réalisée le...
1	Me renseigner sur les forfaits (date et prix)	Fin septembre	13 septembre
2	Demander un congé pour la date retenue	Mi-octobre	

3	Organiser un souper d'amoureux au cours duquel j'annoncerai le projet	Fin octobre	

Le principal avantage du plan d'action, c'est qu'il rend possibles les rêves les plus fous. En découpant un projet en petites tâches, chaque étape devient facile et, du coup, vous arrivez plus naturellement à vous lancer dans l'action.

Est-ce que ça se tient, tout ça ?

Prenez maintenant tous vos plans d'action et demandez-vous s'il est réaliste d'espérer les concrétiser tous dans le laps de temps que vous vous êtes fixé. Par exemple, si vous ambitionnez de travailler à Singapour d'ici cinq ans et que vous souhaitez en même temps accéder à la mairie de Drummondville, un de ces projets sera plus difficile à réaliser...

Vous ne devez pas nécessairement faire une croix sur un de vos objectifs. Il est seulement probable que vous deviez revoir vos échéanciers afin de les rendre compatibles. Vous pourriez, par exemple, vous présenter à la mairie dans trois ans et viser Singapour dans sept ans, quand votre mandat sera terminé.

Les meilleurs projets sont ceux qui respectent vos valeurs, qui vous permettent de vivre une vie pleine et qui vous assurent de pouvoir utiliser vos forces principales. Si vos projets répondent à ces trois conditions, bravo, vous êtes déjà sur la voie du succès ! Si vous n'arrivez pas à vous fixer des objectifs, prolongez votre travail de réflexion et ne continuez votre lecture que lorsque ce sera fait.

Il vous reste ensuite à vous lancer dans l'action et à changer votre vie, petit à petit, chaque jour. Faites un pas à la fois et, rapidement, vous aurez changé votre vie. Ça semble simple, n'est-ce pas? Le problème, c'est qu'il est possible que vous résistiez au changement.

De la résistance à l'horizon

C'est ici qu'il faut découvrir et explorer une autre facette du genre humain: l'art de ne pas se lancer dans des projets malgré leurs attraits. Vous avez préparé des plans d'action susceptibles d'améliorer votre sort et de faire grandir votre plaisir de vivre. Serez-vous surpris d'apprendre que seulement le tiers des gens qui ont fait ce travail réaliseront leurs projets éventuellement? Et que seulement 5 % des lecteurs ont réellement pris le temps hier de rédiger leurs objectifs pour les différents rôles qu'ils jouent? C'est très peu.

Il faut apprendre à reconnaître ces résistances qui vous empêchent de mener vos projets à terme. Découvrez lesquelles sont les plus présentes chez vous.

La peur de réussir

Beaucoup de personnes ne croient pas qu'elles méritent de réussir et d'autres craignent le succès. Dans le premier cas, c'est souvent à cause d'une faible estime de soi et parce qu'elles ne se sont pas pardonné les erreurs commises dans le passé.

Ceux qui craignent de réussir pressentent qu'ils devront peut-être, pour y arriver, tirer un trait sur certaines amitiés et procéder à d'importants changements dans leur vie. Si vous vous reconnaissez dans cette description, reculez mentalement de dix ans et répondez aux questions suivantes.

- Vos fréquentations ont-elles changé depuis dix ans? Expliquez.
- Votre environnement a-t-il changé depuis dix ans? Comment?

- Avez-vous perdu des amitiés depuis dix ans ? Nommez ces amis qui n'en sont plus.
- Avez-vous tissé de nouvelles amitiés depuis dix ans ? Lesquelles ?

Que vous le vouliez ou non, votre vie est en perpétuel changement. Si vous n'êtes pas à l'origine de ces changements, ceux-ci vous seront imposés par votre environnement. Alors, tant qu'à changer, aussi bien que vous soyez aux commandes de ce qui vous arrive...

Vous n'êtes plus qui vous étiez

Le changement fait partie de votre vie. Savez-vous que plusieurs des cellules de votre corps ne vivent même pas toute une journée ? Elles meurent et sont remplacées. D'autres durent plus longtemps, mais toutes sont remplacées dans un intervalle de six à sept ans.

Cela veut dire que vous n'avez plus rien de ce que vous étiez il y a sept ans. Vous êtes un individu nouveau et vous avez le droit de revendiquer une vie nouvelle à la hauteur de vos attentes. Il n'y a que vous qui puissiez vous condamner à la stagnation.

L'habitude

L'habitude est un puissant frein au changement. Combien de personnes restent en couple malgré leur relation malsaine ? Combien de personnes conservent un emploi devenu toxique même si elles pourraient facilement travailler ailleurs ? Le modèle ABC nous permet de comprendre ce qui se passe quand une personne préfère une situation toxique à la possibilité d'un avenir meilleur. Dans l'exemple suivant, le protagoniste aurait tout intérêt à quitter son emploi.

A. Mon emploi est devenu toxique.
B. J'ignore ce qui m'attend si je quitte cet emploi. Vais-je me retrouver dans la rue, sans emploi ou dans un poste pire encore?
C. Je vais rester chez cet employeur encore un peu...

Deux éléments réduisent l'impact négatif de l'habitude: la remise en question de sa base de raisonnement et la discipline. La discipline, c'est la capacité d'investir les efforts nécessaires à l'atteinte d'un objectif. Couplée au courage, elle permet d'avancer et de changer les choses.

Dès qu'on prend conscience de la base de raisonnement à l'origine de l'immobilisme, il devient plus facile de la remettre en question et de se lancer dans l'action.

La panne d'inspiration

Il peut également arriver qu'on reste immobile parce qu'on n'a aucune idée de ce qu'on aimerait faire. Ce phénomène est fréquent chez ceux qui se confinent dans une vie vide. À force de rester coupé des stimuli qui pourraient encourager la créativité, on perd cette capacité de créer.

Si vous éprouvez ce problème, la solution réside dans le réveil de votre curiosité. Relisez le chapitre précédent. Sortez, rencontrez des gens! Familiarisez-vous avec des courants que vous ne connaissez pas. Découvrez ces facettes du monde qui vous étaient inconnues! Demandez à dix personnes ce qu'elles demanderaient à un bon génie s'il voulait bien leur accorder trois vœux. Vous ne tarderez pas à sentir votre créativité se mettre en branle et à entrevoir de nouveaux projets.

L'élément manquant

Finalement, il est possible qu'un élément nécessaire à vous lancer dans l'action soit présentement absent. Pour découvrir si c'est le cas, entreprenez la démarche suivante.

Dans un premier temps, notez deux ou trois projets que vous avez menés à terme par le passé. Décrivez le projet et les différentes étapes qui ont mené à sa réalisation. Répondez ensuite à la question suivante : *Qu'est-ce qui vous a poussé à entreprendre et à terminer ce projet ?*

Ne répondez pas à la légère. Il y a sûrement eu des moments où ces projets ne vous disaient plus rien. Il y a sûrement eu des moments où vous avez dû vous secouer pour reprendre le travail. Qu'est-ce qui a fait en sorte que vous y soyez arrivé ? Voyons quelques réponses qui reviennent fréquemment.

- Simone : « Marlène, une bonne amie, me demandait régulièrement si je progressais dans mon projet et elle me grondait quand j'avouais n'avoir rien fait depuis trois semaines. Dès le lendemain, je m'y remettais. Je n'y serais pas arrivée si elle n'avait pas tant insisté. »
- Daniel : « J'avais dressé la liste de tous les éléments que je détestais dans mon travail et, chaque semaine, je la relisais en me disant que, si je ne poursuivais pas mes études pour obtenir ce certificat, je devrais subir ces irritants pour le reste de mes jours. C'était assez pour me pousser vers l'action... »
- Steve : « Mon employeur précédent m'a montré la porte trois semaines après mon entrée en poste en me disant que je ne serais jamais un bon vendeur. C'est avec un sentiment de vengeance au cœur que je me suis fait embaucher par son principal concurrent, qui m'a donné l'occasion de poursuivre mes classes. Je compte aujourd'hui sur une bonne clientèle, que j'ai en partie subtilisée à cet employeur impatient. »

C'est un soutien amical qui a fait la différence dans le premier témoignage. C'est le désir de fuir une situation désagréable et un désir de vengeance qui ont suffi dans les autres cas. Trouvez ce qui vous pousse à agir, puis, pour vos projets les plus significatifs, demandez-vous comment vous pouvez tirer parti des découvertes que vous venez de faire.

Par exemple, vous pourriez demander à un ami de s'enquérir chaque semaine de la progression de votre projet, ce qui vous pousserait à l'action.

Faire face au changement

Rappelez-vous la première fois où vous avez conduit une automobile sur une grande artère, en pleine heure de pointe. Étiez-vous nerveux? Trouviez-vous que la circulation était trop rapide? Aviez-vous hâte d'en avoir terminé avec cette balade qui devenait un véritable calvaire? Qu'en est-il aujourd'hui? Probablement que vous vous engouffrez dans le trafic sans même y penser.

Jusqu'ici, vous avez noté des projets que vous aimeriez réaliser dans les différents pans de votre vie. Vous avez pris conscience de ce qui vous motive à poursuivre un projet. Il importe maintenant que vous compreniez la dynamique du changement personnel.

Tout changement personnel passe par quatre étapes, quatre étapes qu'il faut connaître et qui sont représentées dans le graphique suivant. Pour illustrer les étapes du processus de changement, nous utiliserons l'exemple de Steve, ce vendeur qui est devenu meilleur pour se venger d'un premier employeur.

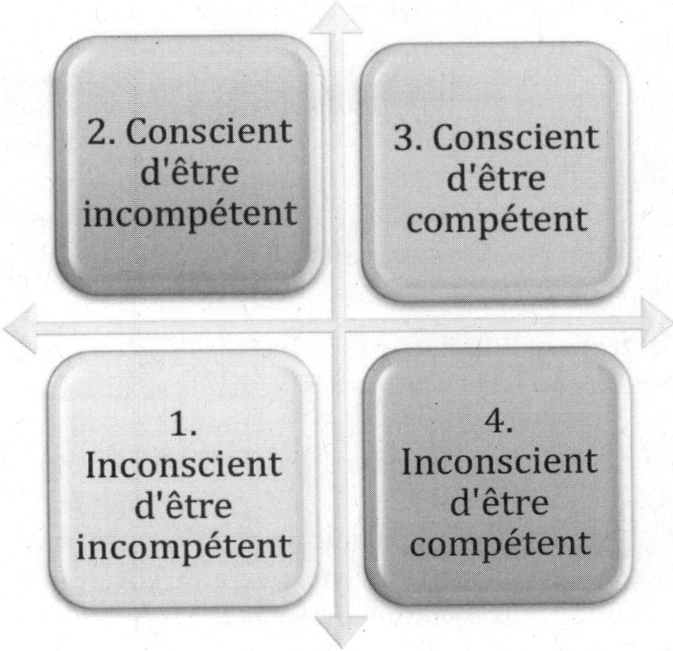

Quand vous vous situez dans le quadrant 1 du changement, vous êtes incompétent mais vous en êtes inconscient! C'était la position de Steve au moment où son employeur l'a mis à la porte. Il n'était pas un bon vendeur, mais il ne le savait pas. Difficile alors de ressentir le besoin de s'améliorer...

Le fait d'être remercié de ses services a poussé Steve dans le deuxième quadrant. Il restait incompétent, mais il en était désormais conscient. Dans cet état, il devient possible de se donner de nouveaux défis et de dresser son plan d'action. À ce moment toutefois, certains états d'esprit peuvent mettre un terme au processus de changement.

- **L'aveuglement volontaire.** Steve aurait pu refuser de faire le constat qu'il n'était pas un bon vendeur et se contenter, par exemple, de dire que son patron n'avait pas su percevoir ses nombreux talents. En agissant ainsi, il serait retourné dans le premier quadrant et serait demeuré un mauvais vendeur.

- **Le découragement.** Steve aurait pu penser que ça ne servait à rien, qu'il était un vendeur médiocre et que toutes les formations du monde ne pourraient le transformer. Cela lui aurait donné une raison de passer à autre chose. («Ce n'est pas ma faute, ce n'est pas dans ma nature d'entrer en contact avec les clients...»)

- **L'identification d'un faux problème.** Si la perception de la personne est incorrecte, il est possible qu'elle se fasse une fausse idée de son problème et qu'elle entreprenne des changements qui ne régleront rien. Imaginez que Steve se mette en tête que son échec est attribuable à sa garde-robe démodée. Il aurait beau investir dans des vêtements neufs, si ce n'est pas ça le problème, ses performances en vente ne s'en trouveront pas améliorées. On retrouve ici l'importance de l'objectivité, une des clés de la résilience.

Pour qu'une personne passe à l'étape suivante du processus de changement, deux conditions doivent être réunies. Il faut qu'elle accepte la nécessité de changer et éprouve le désir de se lancer dans un processus de changement. Sans ce désir, l'énergie nécessaire au changement n'y sera pas.

Pour sa part, Steve s'est lancé dans un programme de développement de ses compétences en vente. Il a trouvé un employeur qui avait envie de jouer les mentors et il a lu quelques bons livres sur le sujet. Au bout d'un certain temps, il arrivait à conclure une vente auprès d'un client sur trois. Il a pris conscience qu'il était devenu compétent. Quelques facteurs auraient pu bloquer sa progression à ce moment.

- **Le contentement.** Après quelques ventes réussies, Steve aurait pu croire que ça y était, qu'il était maintenant un as et qu'il n'avait plus besoin de parfaire ses compétences. Il avait réussi.

- **L'inertie.** Distrait par d'autres projets et par la nouvelle saison télé de *Star Académie*, il aurait pu mettre sa formation en veilleuse et même oublier qu'il voulait améliorer ses compétences en vente.
- **L'inconfort.** Passer d'un quadrant à un autre demande de la confiance en soi et beaucoup d'énergie. Plusieurs se découragent et finissent par se dire que ça n'en vaut pas le coup. Il y a alors abandon du projet de changement.

Plus tôt, comme vous avez établi ce qui vous pousse à l'action, vous avez découvert comment détourner ces obstacles que sont le contentement, l'inertie et l'inconfort. Vous savez ce qui vous motive à agir et avez entrepris de l'intégrer à votre projet. Vous devriez être en mesure de vous rendre au quadrant suivant, le quatrième, celui de la compétence et de l'inconscience.

Oui, il est possible d'être à la fois compétent et inconscient. Cet état correspond au moment où les habiletés que vous souhaitiez acquérir sont si parfaitement intégrées que vous n'en avez plus conscience. Steve en est rendu là. Il est maintenant un as vendeur. Il se tient au courant de ce qui se passe dans son secteur d'activité. Pour lui, cela n'exige plus d'effort. C'est devenu normal de conclure au moins une vente sur deux. Il aime ce qu'il fait. Le temps est venu pour lui de se fixer un autre objectif et de relancer le processus.

Vous êtes passé par ces quatre étapes pour apprendre à conduire sur les grandes artères aux heures de pointe. C'est par ces quatre étapes que vous êtes passé pour développer les compétences qui font maintenant partie de votre être, des compétences dont l'utilisation ne demande même plus d'effort.

Pour chacun des projets que vous vous êtes fixés, demandez-vous dans quel quadrant vous vous situez actuellement et ce qui vous empêche de passer dans le quadrant de la compétence inconsciente.

Si vous effectuez cette démarche avec un partenaire, demandez-lui si vous vous situez actuellement dans le premier quadrant pour certains champs d'activité. Vous ne pouvez pas vous attribuer cette position tout seul.

Vous rencontrerez des obstacles

C'est inévitable. Ce serait agréable que tous nos projets se réalisent sans heurts mais c'est illusoire de nous attendre à cela. Les retards, les imprévus, les déceptions et les remises en question font partie de l'existence. Ce ne sont pas des échecs mais des étapes qui nous mènent au succès. Elles présentent plusieurs avantages.

1. **Les étapes vous rendent plus fort.** Quand on considère les obstacles comme des occasions d'apprentissage, on réalise qu'elles sont bénéfiques. Viser le succès du premier coup, c'est comme viser la ceinture noire en karaté sans avoir l'humilité nécessaire pour passer les autres ceintures avant. C'est se condamner à l'échec. Voyez plutôt chaque étape comme autant de ceintures à vous mériter (blanche, jaune, orange, ...) avant la marque finale.

2. **Les étapes vous permettent de raffiner votre stratégie.** Chaque obstacle est une occasion de faire le point et de confirmer vos hypothèses de départ. Le secret consiste à ne pas poser aveuglément les mêmes gestes en espérant que ça marche cette fois-ci. Si cela n'a pas fonctionné une première fois, c'est qu'il faut trouver une nouvelle manière d'y arriver. Comme dans les joutes de *Donjons et dragons*, les obstacles augmentent vos points d'expérience et vous rendent plus aguerri pour votre prochaine quête.

3. **Les étapes rendent la victoire plus savoureuse encore.** Avouez qu'il est plus réjouissant de gagner quand on a dû redoubler d'ardeur à la fin de la course. Cela fait naître en nous la joie, la fierté et la sérénité. C'est un triplé au chapitre des émotions qui font que notre vie vaut la peine d'être vécue.

À vaincre sans péril, on triomphe sans gloire.

Corneille, *Le Cid*

Les cimes conquises sans aucune ecchymose valent-elles la peine d'être conquises ? Il est fort possible que ce ne soit que de petites collines. Et vous n'êtes pas au monde pour vous contenter de petites collines, n'est-ce pas ?

Oui, vous rencontrerez des obstacles en voulant bonifier votre vie. Oui, vous vivrez ce qui aura l'apparence d'échecs. Mais ces échecs auront bon goût plus tard quand vous constaterez le chemin accompli. Vous n'êtes pas là pour végéter. Vous êtes là pour vous réaliser. Vous êtes là pour vivre !

Et quand vous serez rendu à ce niveau supérieur auquel vous aspiriez, vous regarderez ceux qui vous entourent et qui n'ont pas bougé depuis des lunes. Vous serez désolé pour eux parce que vous saurez qu'ils auraient également pu faire comme vous et améliorer leur sort. À ce moment, ce sera votre tour de les épauler et de les aider à se réaliser pleinement.

Car le succès entraîne certaines obligations. Celle d'aider ceux qui nous ont aidés par le passé. Celle d'aider ceux qu'on apprécie. Cette aide n'est jamais vécue comme une obligation : elle permet de ressentir à nouveau la joie, la fierté et la sérénité.

Votre succès deviendra VOTRE succès. Vous serez ravi de votre impact sur ceux qui vous importent. Et votre sentiment de victoire n'en sera que plus grand.

Conclusion

Grandir ou flétrir ?

Alors elle achète des bouts de rêve avec écrit : Française des Jeux
Pendant les trois secondes où elle gratte, elle tremble un peu
Alors elle claque l'argent de Noël parce que y a la cagnotte du Loto
Vu qu'elle va gagner elle pourra acheter des cadeaux...
Ou pas !

Française des Jeux, Fatals Picards

Got a call from an old friend,
We used to be real close
Said he couldn't go on the American way...
Closed the shop, sold the house
Bought a ticket to the West Coast
Now he gives 'em a stand up routine in L.A.

Billy Joel, *My life*

Cette chanson des Fatals Picards nous présente une femme qui a une vie difficile, mais qui, au lieu de tenter de faire de son mieux pour changer son univers, préfère investir ses espoirs dans la loterie, le Keno et les gratteux. Pendant les trois secondes où elle gratte, elle tremble un peu et, le reste du temps, elle rêve à ce qu'elle pourra faire si elle finit par gagner. Quand elle se rend compte que sa vie ne va nulle part, elle tape le chien ou les enfants. C'est selon. Mais elle ne fait vraiment rien pour améliorer son sort. Elle a sombré dans l'acédie.

Grégoire le Grand aurait-il dû refuser que ce péché soit retiré de la liste? Cela n'a pas grande importance aujourd'hui. La religion a perdu de son influence et les gens ont oublié ce que c'est que de vivre dans le péché. Même si la religion continuait de nous avertir, ce serait peine perdue.

Il n'en demeure pas moins, cependant, que vous vieillissez chaque jour et que chaque instant vous rapproche de votre fin ultime. Votre clepsydre se vide. Oublions donc le mot «péché» et utilisons le mot «drame».

N'est-ce pas un drame de constater que vous passez plusieurs de vos journées sans vraiment vivre? Que vous attendez un éventuel bonheur qui, s'il vient un jour, vous laissera peut-être déçu? Le message central de ce livre était clair: n'attendez pas le bonheur. Vivez dès maintenant. Le bonheur suivra parce que c'est un sous-produit d'une vie vraiment vécue.

Vous avez le choix chaque matin: grandir ou flétrir. Vous pouvez vous refermer sur vous-même ou devenir un être héliotrope ouvert à l'énergie, aux possibilités et aux défis. Vous n'avez pas nécessairement besoin de quitter votre emploi, votre conjoint, ou partir vivre en reclus dans quelque grotte de l'Himalaya. Tout ce que vous avez à faire, c'est vous ouvrir pleinement à votre vie intérieure en nettoyant vos filtres perceptuels et en apprenant à réellement vivre chaque moment.

Vous pouvez maximiser les occurrences d'émotions positives ou vous complaire dans la négativité. Ce n'est pas votre environnement qui vous l'impose. Malgré ce que vous avez pensé jusqu'à maintenant, c'est vous qui êtes aux commandes. Votre attitude et vos actions feront que vous profiterez de la vie ou que vous la subirez.

J'ai finalement trouvé comment grandir

Pendant des années, j'ai supporté une union conjugale qui n'allait nulle part. Pour compenser, je me suis surinvesti dans le travail. Je ne comptais pas les heures ni les jours. Je ne faisais que travailler. Il était évident que quelque chose manquait cruellement à ma vie mais j'ignorais quoi. Je courais après une cible qui n'existait pas.

Puis j'ai rencontré quelqu'un avec qui j'ai cru être en amour. Cela a eu pour effet que je me suis davantage investi au travail pour être le plus souvent possible avec elle. Si j'avais lu ce livre à ce moment, j'aurais réalisé que je n'étais pas heureux : chaque jour, les émotions négatives étaient plus nombreuses que jamais dans ma vie. Je pensais que c'était être avec quelqu'un qui importait. J'avais tout faux : c'est vivre avec quelqu'un qui importe.

Et j'ai enfin trouvé celle qui me permettrait de grandir. Celle avec qui chaque jour serait un nouveau jour. Celle qui m'empêcherait de me laisser tenter par l'acédie. Depuis, je travaille moins. Je profite plus de chaque journée et je suis heureux. C'est ce que je vous souhaite au sortir de votre lecture.

Remarquez que je ne vous dis pas de chambouler votre vie amoureuse. C'est peut-être votre vie au travail qui doit être repensée. C'est peut-être votre vie communautaire. Ce qui importe, c'est de trouver le rythme qui vous permettra de maximiser, chaque jour, le nombre de vos émotions positives. Vous êtes là pour vivre. Faites-le ! Le bonheur vient en prime.

Carpe diem !

Carpe diem ! Profitez-en pendant que vous êtes vivant.
Appréciez la journée. Tirez-en le maximum.
Il est plus tard que vous le pensez.

Horace, poète romain (65 – 8 av. J.-C.)

Alors, voici : que ce livre vous ait plu ou non, je vous invite à évaluer votre vie actuelle. Combien d'émotions positives ressentez-vous chaque jour ? Ce chiffre vous satisfait-il ? Si vous ne faites rien aujourd'hui pour le modifier, il ne changera pas.

Vous savez maintenant comment faire grandir le nombre d'émotions positives que vous ressentez chaque jour et comment les savourer au maximum. Vous savez comment améliorer votre sort et vous avez retenu qu'il ne faut pas craindre les crises si elles vous permettent d'aller plus loin.

Voici donc où vous en êtes : vous allez bientôt refermer ce livre et vous retrouver devant un choix. Vous pouvez retourner dans votre ornière en oubliant tout ce que vous venez de lire ou choisir d'en sortir. Vous pouvez décider de bonifier votre vie actuelle ou carrément vous construire une autre vie. Vous pouvez commencer à apprécier chaque moment ou continuer à ruminer.

Mis à part vous, personne ne peut prendre votre vie en main. Personne ne peut décider de vous rendre heureux ou heureuse. Il ne sert à rien d'attendre le messie. Vous êtes votre propre messie.

Alors, voici ce que vous allez faire. Copiez l'encadré suivant sur une feuille et faites-en plusieurs copies. Placez ensuite ces copies dans des endroits où vous les verrez constamment au cours des trois ou quatre prochains jours.

Je suis un être vivant et j'ai besoin de vivre !

Je ne sais pas si j'aurai droit à d'autres vies. Je dois donc tout miser sur celle que je vis actuellement. Je veux ressentir des émotions positives chaque jour et je veux me coucher en ayant l'impression d'avoir avancé vers les objectifs que je me suis donnés.

Une journée gaspillée, c'est une journée de trop ! Je vais donc faire en sorte d'avoir plus de moments positifs dans mes journées et de les savourer plus longtemps. Je vais trouver un sens à ma vie et m'assurer d'utiliser mes talents dominants chaque jour.

Bref, je prends ma vie en main et je tire un trait sur l'acédie.

Dans trois ou quatre jours, recommencez votre lecture et donnez-vous un plan de match. Il est possible que vous ayez lu rapidement les exercices sans vraiment les prendre au sérieux. Revenez et lancez-vous dans la démarche que je vous ai proposée.

Maintenant, vous savez. Mais le savoir sert à peu de choses tant qu'on ne le met pas en pratique. Faites le test pendant un mois et voyez les résultats. Ensuite, continuez. Je vous souhaite une vie pleine : du plaisir, de l'engagement, du sens et un réseau social qui vous nourrira.

Lectures suggérées

Bolt, Martin. *Pursuing Human Strengths*, Worth, New York, 2004, 216 p.

Bryant, Fred B. et Joseph Veroff. *Savoring: A New Model of Positive Experience*, Lawrence Erlbaum Associates, New Jersey, 2007, 278 p.

Fredrickson, Barbara L. *Positivity*, Crown, New York, 2009, 280 p.

Kashdan, Todd. *Curiosity*, Morrow, New York, 2009, 336 p.

Langer, Ellen J. *Mindfulness*, Perseus Books, Cambridge, 1989, 234 p.

Niemiec, Ryan M. et Danny Wedding. *Positive Psychology at the Movies*, Hogrefe Publishing, Cambridge, 2008, 308 p.

Samson, Alain. *52 jours pour réinventer ma vie*, Transcontinental, Montréal, 2005, 230 p.

Samson, Alain. *Comment exploiter mes employés*, Transcontinental, Montréal, 2008, 168 p.

Samson, Alain. *Comment se vendre en 30 minutes ou moins*, Béliveau Éditeur, Montréal, 2009, 132 p.

Samson, Alain. *Devrais-je démissionner?* Transcontinental, Montréal, 2001, 92 p.

Samson, Alain. *La vie est injuste, tant pis*, Transcontinental, Montréal, 2007, 184 p.

Samson, Alain. *Mieux comprendre ceux qui nous entourent*, Béliveau Éditeur, Montréal, 2009, 240 p.

Samson, Alain. *Sois positif ou bedon reste chez vous*, Transcontinental, Montréal, 2008, 172 p.

Singer, Christiane. *Du bon usage des crises*, Albin Michel, Paris, 1996, 148 p.

Recyclé
Contribue à l'utilisation responsable des ressources forestières
www.fsc.org Cert no. SGS-COC-003153
© 1996 Forest Stewardship Council
FSC
100%

MARQUIS
Marquis imprimeur inc.
Québec, Canada
2010

Imprimé sur du papier Silva Enviro 100% postconsommation traité sans chlore, accrédité Éco-Logo et fait à partir de biogaz.

PERMANENT
BIO GAZ ÉNERGIE